普通高等职业教育“教学做”一体化教材

21世纪高职高专规划教材·电子商务系列

网络零售
综合实训教程

主　编／甘志兰　苏　艳
副主编／苗　春
参　编／庄千秋　韦　珏　袁慧颖

中国人民大学出版社
·北京·

前言

电子商务从20世纪90年代中期进入我国，一直持续快速健康地发展着。

网络零售是电子商务行业发展最迅猛，对社会经济影响最深刻的部分。网络零售正改变着人们的消费习惯和行为，并被广大的消费者了解和接纳。网络零售实训课程是高职高专电子商务专业的核心实训课程，但在实训教学中一直缺乏该课程的配套教材。本书正是在这样的背景下编写的。

本实训教材旨在培养学生从事网络零售经营活动的素养能力，即在具备网络零售职业素养一般能力的基础上，具备自主创建网店、装修店铺、发布与管理商品、交易管理、营销与推广商品、物流管理等一系列能力，为学生"零距离""零适应期"承担创建于淘宝、天猫等第三方网络零售平台上的网店的日常运营与管理工作奠定坚实基础。本教材的实训教学在厦门优优汇联C2C网络零售实训平台上进行。

本书是校企合作共同编写的成果。编写过程中，得到了厦门优优汇联信息科技有限公司苗春总经理、钟贤灵副总经理的大力支持，以及中国人民大学出版社教育分社编辑的大力支持与指导，在此谨表示衷心的感谢。本书编写还参考了不少教材和文献资料，在此一并对其作者表示诚挚的感谢。

本书的编写分工为：单元一和单元七的知识准备和实训任务由广西国际商务职业技术学院甘志兰老师编写，单元二的知识准备和实训任务由广西国际商务职业技术学院韦珏老师编写，单元三、四、五、八的知识准备和实训任务由广西国际商务职业技术学院苏艳老师编写，单元六的知识准备和实训任务由广西国际商务职业技术学院袁慧颖老师编写，全书拓展任务由厦门优优汇联信息科技有限公司庄千秋和苏艳老师编写。甘志兰负责全书审稿与统稿。

由于互联网、信息技术以及电子商务正在持续不断快速发展中，各种新的网络零售工具和服务不断涌现，网络零售平台也在不断发展和变化，加上编者水平有限，书中不足之处在所难免，敬请各位行业专家、读者批评指正。意见反馈邮箱：804522282@qq.com。

编　者

目 录

单元 一

账户设置与管理

一、知识准备

（一）实训平台

本教程使用与淘宝网极为相似的网络零售实训平台（http://demo-c2c. uulian. com. cn）进行教学，学生在此平台上分别扮演买家和卖家进行实践任务操作学习，教师在此平台上随时查看和评价学生完成的每一项实训任务，以此达到帮助学生理解和掌握在淘宝网和天猫上如何买和卖的目的。

本教程的网络零售实训平台，简称 C2C 实训平台，主要由 C2C 实训平台前端（前台）、学生端（后台）、教师端（后台）和系统管理员四个子系统组成。本教程仅从学生如何完成实训任务出发介绍 C2C 实训平台前端和学生端（后台）的操作流程和方法。

1. C2C 实训平台前端

在浏览器的地址栏输入 C2C 实训平台网址，即可打开 C2C 实训平台前端的首页。前端首页包括商品分类、促销广告、学生店铺里的商品等，单击商品图即可进入学生店铺。

C2C 实训平台首页如图 1－1 所示，图中标注的 A～I 区的说明如下：

A 区是会员快速登录和辅助功能入口，实训平台帮助中心的入口也在此。

B 区是搜索区域。在这里，可以通过关键词搜索快速找到需要的商品和店铺信息。

C 区是促销活动区，中间的 Flash 海报是首页广告位，这里不仅是整个首页上最醒目的展示位置，也是最热门的广告区。每一个促销活动的图片或者文字链接都是一个主题活动的入口，商家的商品一旦入选到此处，就能带来很高的流量。

D 区是商品促销区，可以推广单个商品或者品牌，商家的商品一旦入选就能获得较高的流量。

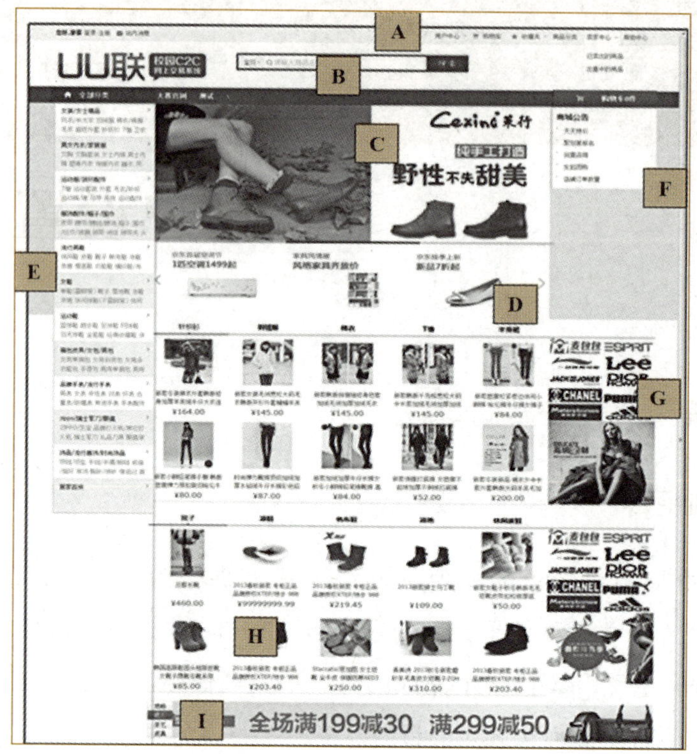

图 1-1 C2C 实训平台首页

E 区是全部类目分类，在这里可以快速找到所需类目产品。

F 区是网站公告栏，平台的重大新闻、新规则、新功能和新服务推出、公益活动的宣传等，都展示在这个区域。

G 区是品牌推广区，会定期推荐一些加入平台的品牌商，帮助企业打造网货品牌。

H 区是自由选购区域，平台所有的商品都按照属性关键词分别展示在相应的属性类目里，方便买家进行选购。

I 区是促销广告区，每一个促销活动的图片都是进入店铺首页的入口，卖家一旦入选，就能获得较高的流量。

2. 学生端（后台）——用户中心

学生登录实训平台，进入用户中心即可进行各类交易与管理操作。用户中心（学生模块）包括实训模块、学习中心、考核模块等模块，如图 1-2 所示。

（1）实训模块。

实训中心包括我的账户、我是买家、卖家中心三个功能模块。

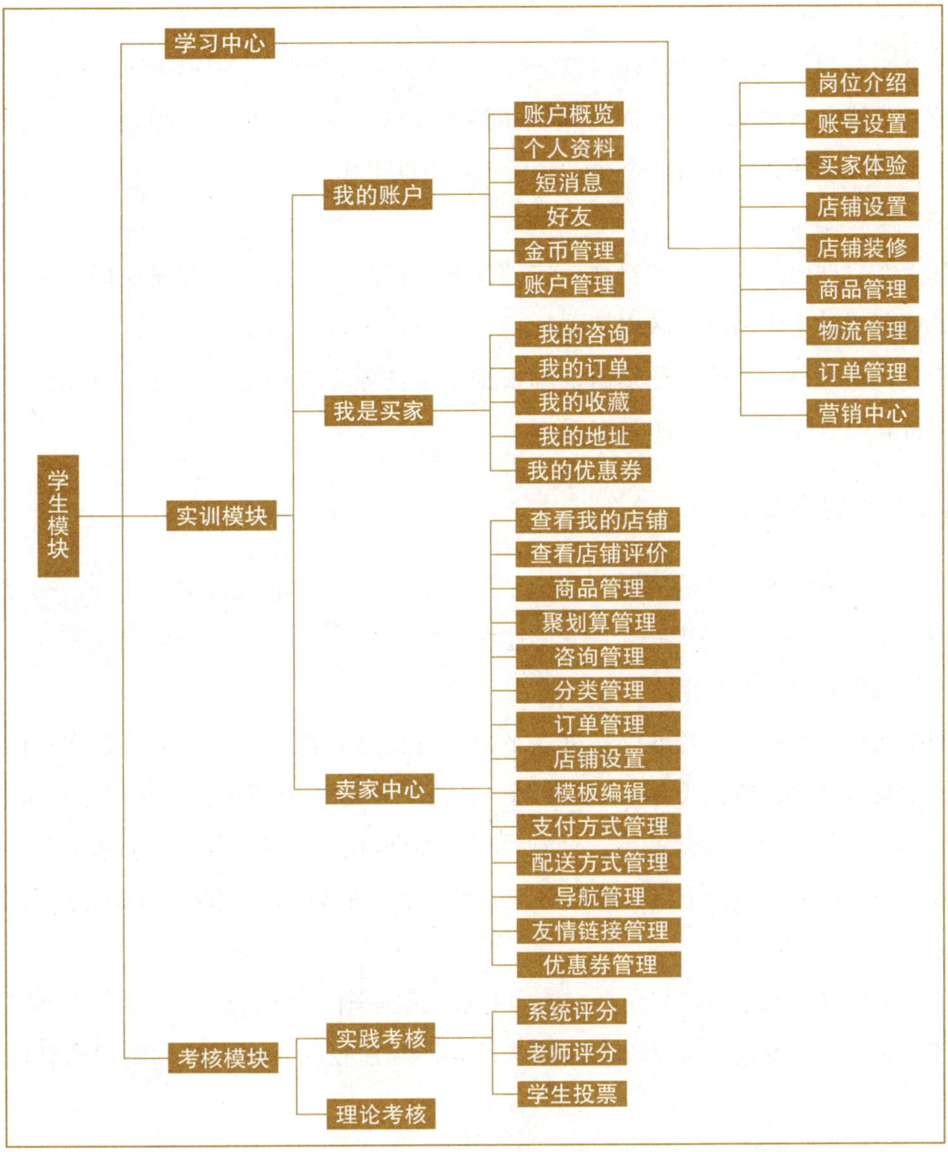

- 学生模块
  - 学习中心
    - 岗位介绍
    - 账号设置
    - 买家体验
    - 店铺设置
    - 店铺装修
    - 商品管理
    - 物流管理
    - 订单管理
    - 营销中心
  - 实训模块
    - 我的账户
      - 账户概览
      - 个人资料
      - 短消息
      - 好友
      - 金币管理
      - 账户管理
    - 我是买家
      - 我的咨询
      - 我的订单
      - 我的收藏
      - 我的地址
      - 我的优惠券
    - 卖家中心
      - 查看我的店铺
      - 查看店铺评价
      - 商品管理
      - 聚划算管理
      - 咨询管理
      - 分类管理
      - 订单管理
      - 店铺设置
      - 模板编辑
      - 支付方式管理
      - 配送方式管理
      - 导航管理
      - 友情链接管理
      - 优惠券管理
  - 考核模块
    - 实践考核
      - 系统评分
      - 老师评分
      - 学生投票
    - 理论考核

图 1-2　学生端功能模块

1）我是买家模块解决的是学生网上购物体验的实训需求。学生将选购的商品加入购物车、生成订单、用支付宝或网银付款或货到付款等支付方式体验或进行真实交易。

2）卖家中心模块则是学生进行网店运营的实训模块，包含分类管理、商品管理、店铺设置、订单管理等。学生在平台上申请开店，教师在教师端审核后，学生就拥有了自己的网店。学生还可利用软件提供的商品管理功能逐个上传商品或通过淘宝助理批量导入商品，也可以通过店铺设置功能美化自己的店铺，通过软件的分享功能将商品分享到微博、微信、QQ 空间等进行商品推广。

（2）学习中心。

学习中心模块根据实训课程的教学目标，按照网店运营的工作流程，以情景设计、任务驱动为线索将学生需要掌握的知识和技能加以提炼，形成九个模块，每个模块又划分成了若干子任务，并由一个个动画展示相应的工作情景。

（3）考核模块。

学生在实训模块进行实训操作，实训任务完成后，系统的考核模块根据学生完成任务的情况对学生实训成果做出智能评价，其中系统评分由系统自动检测学生任务完成与否并自动打分，老师评分则由老师根据学生任务完成的质量进行评价和打分，老师的评价和改进建议学生可随时查看。

（二）拟定会员名

与在淘宝网上进行交易一样，不论是卖家实训任务还是买家实训任务，在交易前需要在C2C实训平台上注册一个账户（也称为账号名或会员名），其注册流程与在淘宝网的注册流程和要求大致相同。

网络交易平台的会员名不仅是进入平台进行交易的符号，同时也可以像人们的姓名一样承载着理念、情感或对未来的期望。因此，不论买家还是卖家在拟定会员名时，可以从网店经营理念、经营宗旨、经营目标、服务项目、商品类型、未来期望、个人兴趣爱好等方面挑选便于记忆、朗朗上口、简洁明了的名字。此外，在拟定会员名时，还应注意以下几点：

（1）不同网站对会员名的命名有不同要求，但原则上要求遵循简单易记的原则。

（2）会员名不得包含违反国家法律法规、涉嫌侵犯他人权利或网站运营秩序等相关信息。

（3）会员名一旦注册成功将不可以修改。

（三）密码设置技巧

在网络平台上，会员名和密码是成对出现的，缺一不可。会员的账号和密码是在互联网上从事安全交易活动的第一道安全屏障。因此，为了保证会员账号和密码安全，在设置C2C实训平台账号或淘宝账号密码时，建议遵循以下规则：

（1）密码长度为8～20个字符。

（2）设置密码时使用英文字母、数字和符号的组合，尽量不要有规律，但借助一些方法可便于记忆。例如，密码flzx3qc就是借助“飞流直下三千尺”诗句的拼音首字母，结合数字“3”编制而成，在方便记忆的同时，又不容易被恶意破解。

（3）如果设置以下安全性过低的密码，系统将提醒修改密码，直至符合安全性要求：

1）密码与会员名或电子邮件地址相同；

2）全部由英文字母组成；

3）全部由数字组成；

4）密码长度太短。

（4）定期更改密码，并做好书面记录，以免忘记而影响工作。

（5）不同的网络会员账号设置不同的密码。避免邮箱、会员账号等使用同一个密码，以免一个账号被盗造成其他账号同时被盗。

（四）注册会员账号的其他准备工作

电子商务交易平台为保障交易双方的交易安全，在进行交易前交易双方需要通过相应的平台认证，认证方式通常可以选择邮箱认证、手机认证等。因此，在注册会员账户时需要事先准备好未被注册使用过的邮箱和手机号。手机和邮箱不仅用在认证上，同时也常常用于找回密码。

二、实训任务

（一）任务说明

1. 任务描述

在C2C实训平台完成账号注册和会员资料修改等任务。

2. 任务内容

（1）注册账号；

（2）完善账号信息；

（3）修改会员资料和密码。

3. 任务目的

（1）掌握注册成为会员的操作流程和方法；

（2）掌握完善账号信息的操作流程和方法；

（3）掌握会员资料和密码的修改流程和方法。

（二）流程说明

完成本任务所需的步骤和顺序如图 1-3 所示。

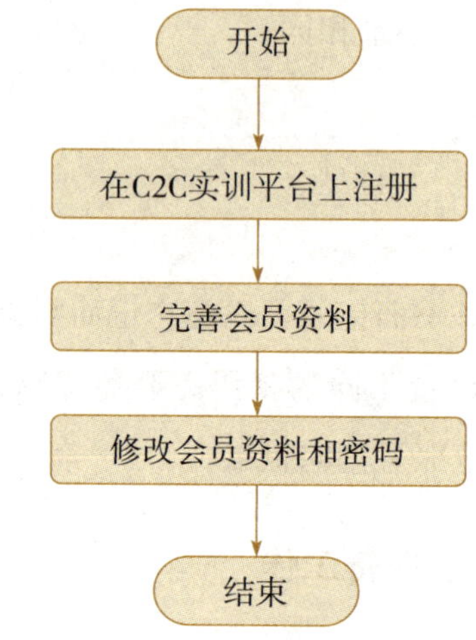

图 1-3 账号设置与管理任务操作流程

（三）操作说明

1. 注册账号

步骤一：输入 C2C 实训平台网址，打开 C2C 实训平台首页。

步骤二：单击实训平台首页左上角“注册”按钮，进入注册页面，如图 1-4 所示。

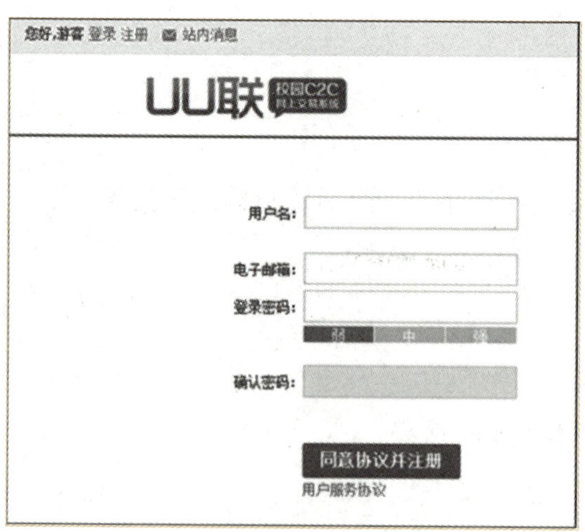

图 1-4 C2C 实训平台注册页面

步骤三：在注册页面相应的输入框中分别输入用户名、电子邮箱、密码，单击

“同意协议并注册”，注册操作完成，如图 1－5 所示。

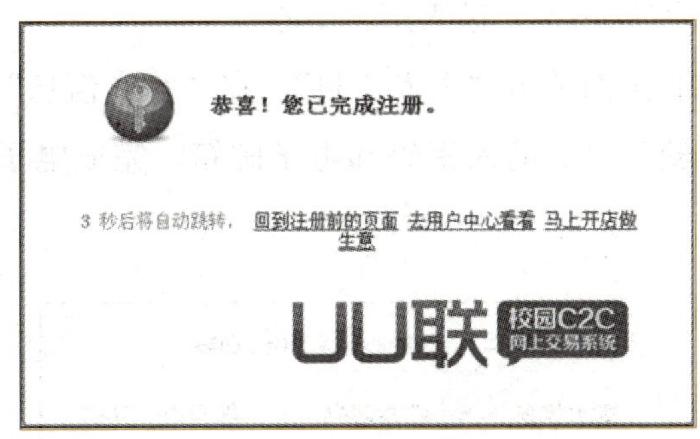

图 1－5　C2C 实训平台注册完成页面

2. 完善账号信息

步骤一：在 C2C 实训平台首页左上角单击“登录”，在登录页面输入用户名和密码，完成登录操作。

步骤二：单击实训平台首页第一行中间偏右的“用户中心”按钮，进入用户中心，如图 1－6 所示。

图 1－6　C2C 实训平台用户中心页面

步骤三：在用户中心页面单击“个人资料”，在“基本信息”页面即可输入真实姓名、性别、生日、QQ、手机等信息，完善账户基本信息，如图 1－7 所示。

图 1－7　“用户中心”—“个人资料”页面

3. 修改会员资料和密码

步骤一：登录 C2C 实训平台，进入用户中心。

步骤二：在用户中心页面单击“个人资料”，在“基本信息”页面修改会员的基本信息；在“修改电子邮箱”页面输入密码和电子邮箱，完成电子邮箱的修改操作，如图 1-8 所示。

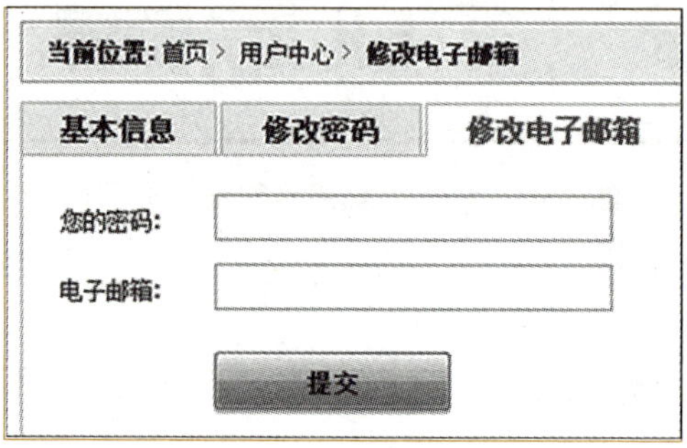

图 1-8　用户中心“修改电子邮箱”页面

步骤三：在用户中心页面单击“个人资料”，在“修改密码”页面的相应输入框中分别输入旧密码和新密码，完成密码的修改操作，如图 1-9 所示。

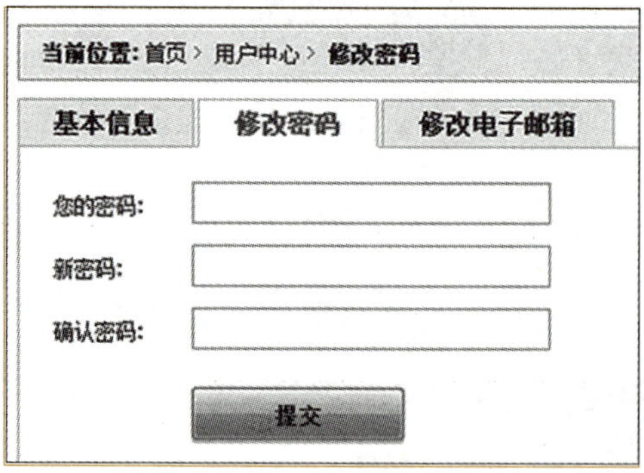

图 1-9　用户中心“修改密码”页面

三、拓展任务——制作网店筹备工作计划表

（一）任务说明

1. 任务描述

拥有丰富电商从业经验的小明入职一家陶瓷制品公司，这家公司新成立一个电商部，计划建立线上销售渠道。公司领导很重视，但又没有电商经验，所以要求电商部

的员工制作一份“网店筹备工作计划表”供领导参考。小明知道这正是他职业发展的重要机遇，他相信一份专业的工作计划表，能让领导认可他的职业能力，并从电商部众多同事中脱颖而出。

2. 任务内容

（1）了解网店筹备不同阶段的工作内容。

（2）利用 Excel 表格制作一份网店筹备工作计划表。

3. 任务目的

（1）通过制作网店筹备工作计划表，熟悉网店筹备包含的工作内容。

（2）掌握网店筹备工作计划表制作流程和方法。

（3）通过制作网店筹备工作计划表，初步接触项目管理，培养自身资源统筹能力。

（二）知识准备

1. 工作计划表的概念

工作计划表就是以表格的形式反映工作计划的内容。表格是工作计划的工具，通过它将工作计划指标或要完成的工作项目列明汇总，表达出企业工作计划的基本内容。

2. 工作计划表的作用

无论是单位还是个人，无论办什么事情，事先都应有个打算和安排。有了工作计划，工作就有了明确的目标和具体的步骤，就可以协调工作团队的行动，增强团队成员的主动性，减少盲目性，使工作有条不紊地进行。同时，计划本身又是对工作进度和质量的考核标准，对团队成员有较强的约束和督促作用。所以工作计划对工作既有指导作用，又有推动作用，做好工作计划，是建立正常的工作秩序、提高工作效率的重要手段。

3. 网店筹备的三个阶段

（1）阶段一：前期分析。

在正式入驻网络零售平台之前，一定要做好前期分析工作。

主要的工作内容有：

知彼：分析市场、竞争对手以及与本商品形成竞争关系的其他店铺商品；对目标消费者、目标顾客群进行分析。

知己：分析自己店铺的品牌、商品以及企业优势与劣势。

在网店筹备阶段，虽然无法通过网络零售平台自身的数据分析工具查找市场行情，

但网络零售平台的宝贝搜索页面提供了大量市场信息，比如市场热销宝贝信息及销量、行业主要店铺、买家评价等。通过对宝贝搜索页的相关数据进行分析再结合自身商品优势就能确立网店经营方向，理清思路，明确商品定位，并制定销售目标、网店发展阶段和发展步骤。

（2）阶段二：组建电商团队。

分析了市场行情以及自身优势与劣势后，确定店铺定位和商品定位，制定一段时期的发展目标和发展计划。而计划和目标需要人去完成和实现，因此，第二阶段的工作为组建团队。

本任务描述中的情境，属于传统制造业开拓电商渠道的情形。公司原有组织结构中，部分岗位能胜任电商岗位，如美工、仓管等，可安排调岗。在此情境中，优秀的电商团队应该既熟悉公司原有业务，又能开展电商业务。网店可设正、副店长，店长最好由原公司主管担任，副店长则聘请一名熟悉电商运营和各项业务的职员担任，以便确保负责分析、规划工作的主管能结合公司实际情况与电商发展趋势，领导和管理电商团队，实现公司经营目标。

（3）阶段三：分工执行筹备工作。

这一阶段，主要是明确各电商岗位在网店筹备上线过程中的工作内容。

运营岗位主要负责了解市场行情及分析市场、商品和买家的消费行为，向本部门主管提供准确的市场信息，协助本部门主管和其他部门进行商品选款、商品定价、商品详情页制作和网店装修等工作。

推广岗位主要负责收集行业热词、关键词，完成宝贝标题、协助选款和制订推广计划等工作。

美工岗位主要负责图片处理、商品详情页制作等工作。

摄影岗位主要负责模特选择、商品拍摄以及协助美工完成商品详情页制作等。

以上只是筹备工作中部分岗位的主要工作内容。根据电商团队实际规模，部分岗位可以进一步细分，如运营岗可进一步细分出技术岗、文案岗等；或者精简岗位，一人身兼多职，如网店前期全员兼职客服岗和物流岗。

（三）工作流程

按本任务描述中设定的情境来制作网店筹备计划表，可以假设陶瓷制品公司要求一个月时间完成网店上线，则网店筹备工作计划表以四周时间为期限，制订工作计划，工作流程如下：

步骤一：编辑工作表的表格名称等基本信息。方法：打开 WPS 或 Excel 表格，在第一行中编辑表格名称、制表日期和制表人，如图 1－10 所示。

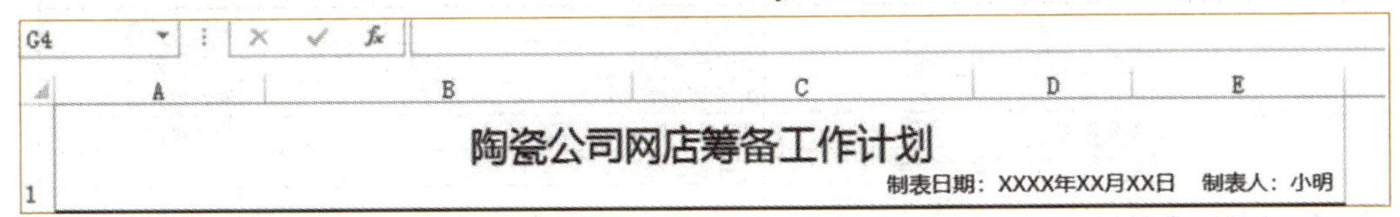

图 1－10　表格基本信息

步骤二：设计工作计划表的结构，即设计表头。本次工作计划为期一个月，即 4 周，所以工作计划表有 5 列，第一列为日期与岗位，第二至第五列分别为第一周至第四周。本次工作计划涉及的岗位有运营、推广、美工/文案、摄影等，所以本表由运营、推广、美工/文案、摄影等多行组成，如图 1－11 所示。

日期 岗位	第一周	第二周	第三周	第四周
运营				
推广				
美工/文案				
摄影				

图 1－11　表头设置

步骤三：将筹备工作内容与各岗位职责写入图 1－11 的表中。在此表下方，根据实际需要插入说明。例如，第一周的主要工作是前期分析，分析工作主要由主管或运营岗位的人员负责完成，分析结果出来后其他岗位才能进行相关工作，如图 1－12 所示。

陶瓷公司网店筹备工作计划

制表日期：XXXX年XX月XX日 制表人：小明

日期 岗位	第一周	第二周	第三周	第四周
运营	公司产品定位	主页布局摆放	上下架分工	检查店铺差错
	产品买家消费行为分析	主页营销优化	协助部门进度	新店开张
	产品价位	组织做出推广计划		看数据，优化
	主推款确定	瓷碗类目竞争对手分析		协助推广
	组织主图，描述页及文案的讨论			
	与各岗位讨论，做出项目进度计划			
推广	陶瓷制品行业热词收集	宝贝标题完成	推广工作开展	推广每日监控
	瓷碗产品精准词	热词收集提供文案	协助上下架	数据统计分析
	做出推广计划	瓷碗类目top10的店铺数据分析	数据分析	免费推广日常进行
	选款建议	做出推广计划		
美工/文案	根据客户群确定主页，描述页设计风格	根据装修方案进行装修设计	图片处理	图片及描述优化
	执行图片处理及文案	主推款主图及描述页图片处理	参与讨论	
	选款、模特建议		学习类目行业信息，top10	
摄影	确定模特	图片拍摄	参与讨论	
	确定拍摄场景、风格		学习类目行业信息，top10	
	拍摄			

图 1－12 网店筹备工作计划表

（四）职场小贴士——高效会议流程

1. 第一阶段：会前准备

（1）明确会议主题与议程，主题要聚焦，不能多，议程要紧扣会议主题。

（2）筛选参会人员，根据议程邀请相关人员参会。

（3）开会地点和设备由行政部门安排。

（4）提前推送会议通知，告知会议时间、地点和议程，让参会者事先对会议有个准备。

2. 第二阶段：会中控制

（1）会前主持人宣布会议主题与议程。

（2）把控每个议程的时间，记录参会者的发言要点与议程决议。

（3）推动参会者讨论议题解决方案，避免跑题，促进达成参会者的共同决议。

3. 第三阶段：会后跟进

（1）及时总结会议纪要，发送给参会者，并签字确认无误。

（2）持续跟踪会议达成的决议是否落实。

（五）思考题

制作工作计划表对工作开展有何意义？

单元二

网上购物

一、知识准备

足不出户，轻按鼠标就能买到自己心仪的商品。网上购物已成为一种时尚快捷的生活方式，越来越受到消费者的欢迎。网上购物是指借助互联网实现商品或服务从商家或卖家转移到消费者的过程，整个过程中的信息流、资金流和物流都在互联网上进行。本书中的网上购物仅指 B2C 和 C2C 网上购物。

（一）网上购物的流程

网上购物是消费者通过网络购买和使用商品的过程，它由一系列环节、要素构成。消费者在网上购物的一般流程可以分为 8 个阶段，如图 2－1 所示。

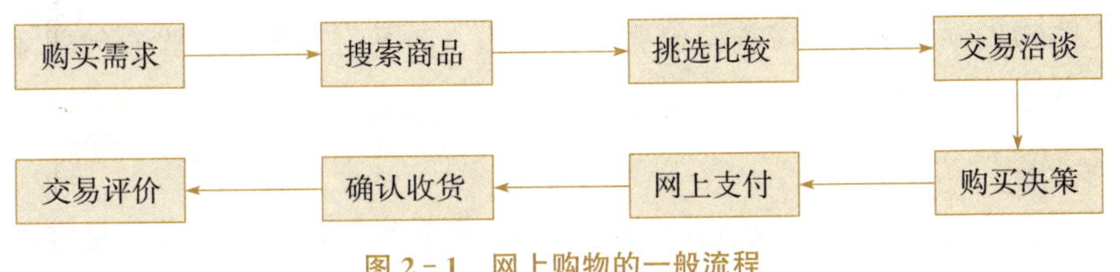

图 2－1　网上购物的一般流程

1. 购买需求

消费者的购买行为始于对某种需求的确认。网上购物者面对的是网购平台，可以理性地确定自己的购物需求，网络零售依赖视觉和听觉吸引购物者，主要是依赖商品描述与商品图片。

2. 搜索商品

淘宝、天猫、京东等大型购物平台内的商品非常丰富，网上购物者挑选商品一般直接在各平台站内搜索商品相关信息。少数购物者会通过通用搜索引擎搜索或者在购物网站内浏览商品类目来寻找商品。

3. 挑选比较

消费者为了使消费需求与自己的购买能力相匹配，就要对各种渠道汇集而来的信息进行比较、分析、研究。大部分购物者搜索到目标商品后，除了关注商品本身属性外，还会浏览用户评价等相关信息。用户评价是影响消费者进行购买决策关键的因素，网上买家评价信息成为目前网购者购物前最关注的外部信息。

4. 交易洽谈

网上购物主要通过即时通信工具、电话、留言、电子邮件等进行沟通，其中即时通信工具占比最高。

5. 购买决策

网上购物者在做出购买决策时，最大的风险是认知风险，这种风险是由交易时的不确定和信息不对称导致的。网上购物不能接触商品，这是网络零售与线下交易最大的差别。网上购物者可以通过商品网页、搜索引擎、交易洽谈、用户评价等获得关于商品或服务的信息。

6. 网上支付

目前网络零售的主要付款方式有网上支付、银行汇款、货到付款等，大部分网购平台为方便不同类型的消费者，会支持多种付款方式。网上购物用户用得最多的是第三方支付和网上银行支付。

7. 确认收货

网上购物者收到商品后需查验包裹是否破损、商品有无损坏，没有问题才到购物平台上确认收货并付款。

8. 交易评价

交易评价的内容对网店以及其他购物者都是极其重要的。交易评价是客户在收到货后确认付款后给卖家的商品和服务的评价和评分，评价分为好评、中评、差评，买家的评价不仅反映卖家的信用情况，同时还是其他会员的购物参考。

（二）网上购物搜索商品的方法

（1）每个专业的电子商务综合平台都有自己的购物搜索栏，比如淘宝、天猫、京东等，网上购物者可以在其平台的搜索栏输入想要购买商品的名称或者描述性词语，也称“关键字”搜索商品。这是网上购物最常用的搜索商品的方法。

（2）通过通用搜索引擎如百度、搜狗等网站进行商品搜索。

（3）如果想要找的商品没有特殊限制，可以在购物网站内浏览商品类目进行查找。

（4）通过其他导购平台如一淘网、蘑菇街、美丽说等网站进行商品搜索。这类网站旨在解决用户购物前遇到的种种问题，为用户提供购买决策，比较商品，使用户快速找到物美价廉的商品。

（三）网上购物沟通的方式

（1）网上购物最常使用的是即时通信工具，如 QQ、阿里旺旺、微信等。

（2）通过电话或手机与卖家进行沟通。

（3）通过店铺留言、商品留言等咨询卖家。

（4）通过电子邮件联系卖家。

（四）网上购物的支付方式

（1）网购用户用得最多的是第三方支付，如支付宝、微信、财付通等。

（2）网上银行支付。

（3）货到付款：现金、储蓄卡、信用卡支付等。

（五）确认收货或退换货

（1）收到商品后，应当面检验商品，查看商品是否完好、正确。

（2）确认商品无误后，在网上确认收货；若商品有问题，则与卖家联系退货或者换货。

（六）交易评价

交易评价是买家在收到货并确认付款后给卖家的商品和服务进行评价和评分，可分好评、中评、差评三个等级，买家还可以对商品、客服、物流等进行评价。

（1）评价商品，即评价商品质量、材质、做工等内容；

（2）评价服务态度，即评价客服态度、售后服务等内容；

（3）评价物流服务，即评价包装、发货速度、快递服务等内容。

二、实训任务

（一）任务说明

1. 任务描述

在 C2C 实训平台完成添加收货地址、收藏店铺、收藏商品、咨询商品信息、完成交易、交易评价等一次网上购物全过程的操作。

2. 任务内容

（1）添加收货地址。

（2）编辑收货地址。

（3）收藏店铺。

（4）收藏商品。

（5）咨询商品信息。

（6）完成交易。

（7）确认收货。

（8）交易评价。

3. 任务目的

（1）掌握网上购物的操作流程和方法。

（2）掌握收藏店铺和商品的操作流程和方法。

（3）掌握网络商品选购要素与相关技巧。

（4）掌握如何评价买家或卖家。

（二）流程说明

完成本任务所需的步骤和顺序如图 2－2 所示。

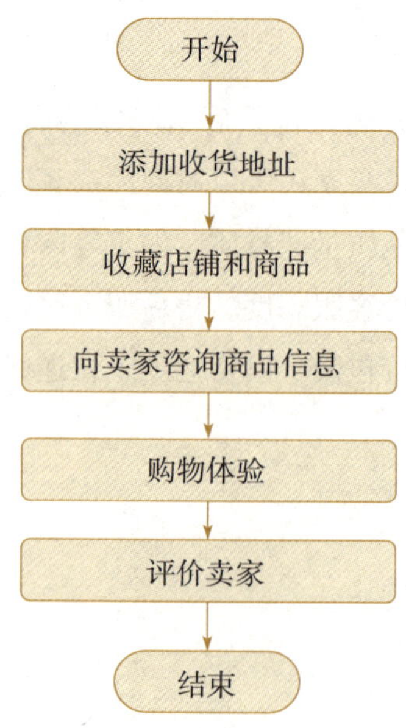

图 2－2　买家网上购物体验流程

（三）操作说明

1. 添加收货地址

步骤一：登录 C2C 实训平台，进入“用户中心”，单击“我的账户”按钮，在“个人资料”栏目下，单击“我的地址”选项，如图 2－3、图 2－4 所示。

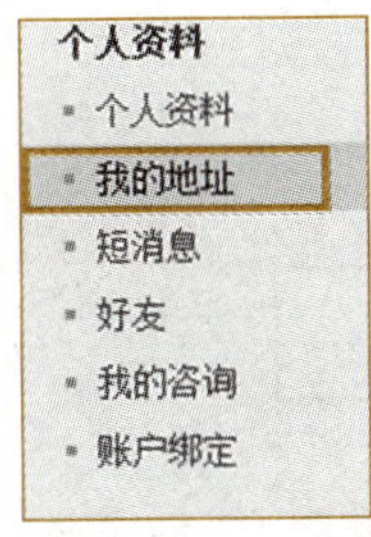

图 2－3　个人资料菜单

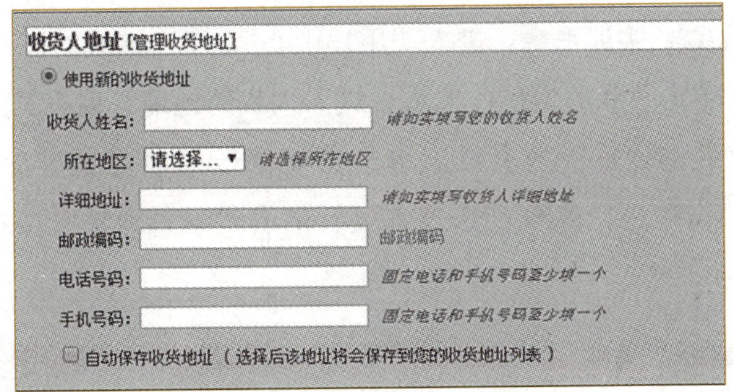

图 2－4　新增收货地址填写窗口

步骤二：填写一个新的收货地址，填写完成后，单击“新增地址”按钮保存所编辑的信息，如图 2－5 所示。

图 2－5　填写地址

步骤三：参考以上步骤，再新增一条收货地址，如图 2-6 所示。

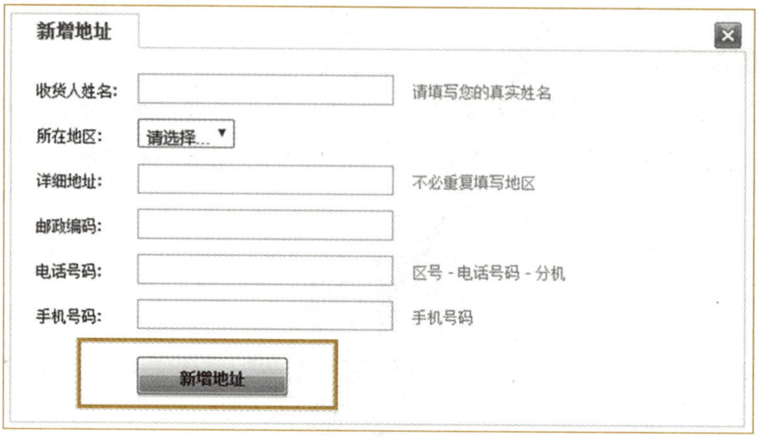

新增地址

收货人姓名：　请填写您的真实姓名

所在地区：请选择...

详细地址：　不必重复填写地区

邮政编码：

电话号码：　区号 - 电话号码 - 分机

手机号码：　手机号码

新增地址

图 2-6　新增地址

2. 编辑收货地址

步骤一：登录 C2C 实训平台，进入“用户中心”，单击“我的账户”按钮，在“个人资料”栏目下，单击“我的地址”选项，进入“我的地址”列表页面。

步骤二：在“我的地址”列表页面单击需要修改的收货地址后面的“编辑”按钮，在编辑地址的窗口进行修改，修改完成后单击“编辑地址”按钮保存修改结果，如图 2-7 所示。

编辑地址

收货人姓名：韦姐　请填写您的真实姓名

所在地区：中国 广西壮族自治区 南宁 编辑

详细地址：秀厢大道　不必重复填写地区

邮政编码：530007

电话号码：123456789　区号 - 电话号码 - 分机

手机号码：123456789　手机号码

编辑地址

新增地址　操作　编辑　删除

图 2-7　修改收货地址

步骤三：在“我的地址”列表页面单击需要删除的收货地址后面的“删除”按钮，在弹出的确认删除对话框中单击“确定”按钮完成删除收货地址的操作，如图 2-8 所示。

图 2－8　删除收货地址

3. 收藏店铺

方法一：打开 C2C 实训平台首页，单击任何一件商品进入商品页面，在商品页面上的“商家信息”左下角有个“收藏该店铺”，单击后即可收藏该店铺，如图 2－9 所示。

图 2－9　收藏店铺

方法二：已知店铺名称的情况下收藏店铺的步骤。

步骤一：进入 C2C 实训平台首页，在搜索栏下拉菜单中选择“店铺”，在搜索栏中输入要搜索的店铺名称后，单击“搜索”按钮，如图 2－10 所示。

图 2－10　搜索店铺名称

步骤二：在搜索结果页面单击店铺名称或店铺图标，如图 2－11 所示，即可打开店铺首页。

首页 商品分类

店铺名称：猫咪森林 店主： 所在地：所在地 店铺班级：

	店铺	商品数量	店主	信用度	店铺班级
猫咪森林风	猫咪森林风	22	1437040108 发站内信		2014级电子商务1班
猫咪森林女装	猫咪森林女装服饰	1	spoonyfish275 发站内信		16互联网金融班

图 2－11　打开店铺

步骤三：在打开的店铺首页的左侧栏中，在“商家信息”左下角有个“收藏该店铺”按钮，单击该按钮后即完成收藏该店铺操作，如图 2－12 所示。

图 2－12　收藏店铺

4. 收藏商品

方法一：打开 C2C 实训平台首页，单击一件感兴趣的商品进入商品详情页，单击页面左侧主图右下角的“收藏商品”按钮即可收藏该商品，如图 2－13、图 2－14 所示。

图 2-13　收藏商品

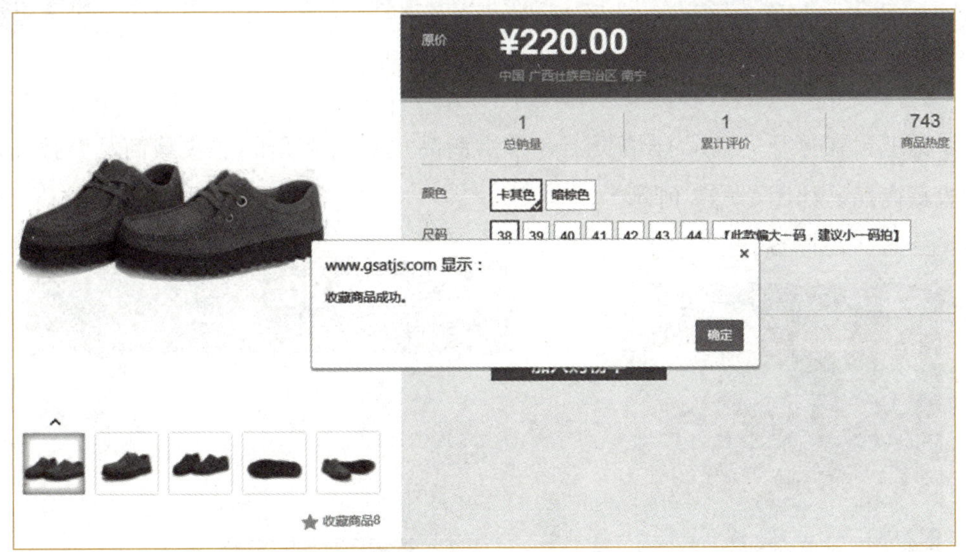

图 2-14　收藏成功

方法二：通过搜索商品选择要收藏的商品。

步骤一：在 C2C 实训平台首页搜索栏下拉菜单中选择“宝贝”，输入要搜索的商品名称，单击“搜索”按钮，如图 2-15 所示。

图 2-15　搜索商品

步骤二：在搜索结果页面，单击感兴趣的商品图片或商品名称，如图 2－16 所示。

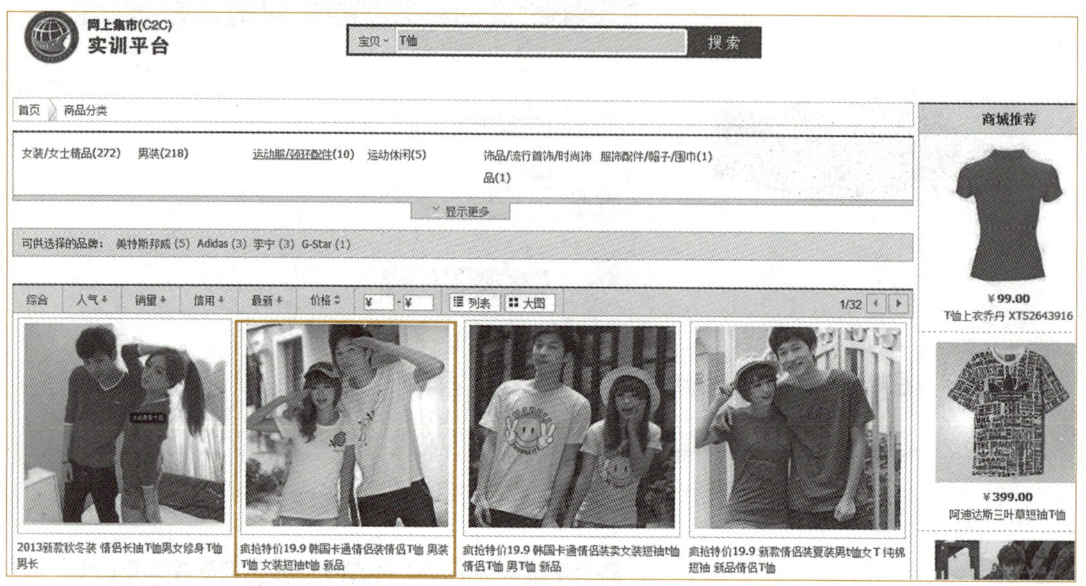

图 2－16 选择感兴趣的商品

步骤三：在打开的商品详情页上，单击商品主图右下角的“收藏商品”按钮，即完成收藏商品，如图 2－17 所示。

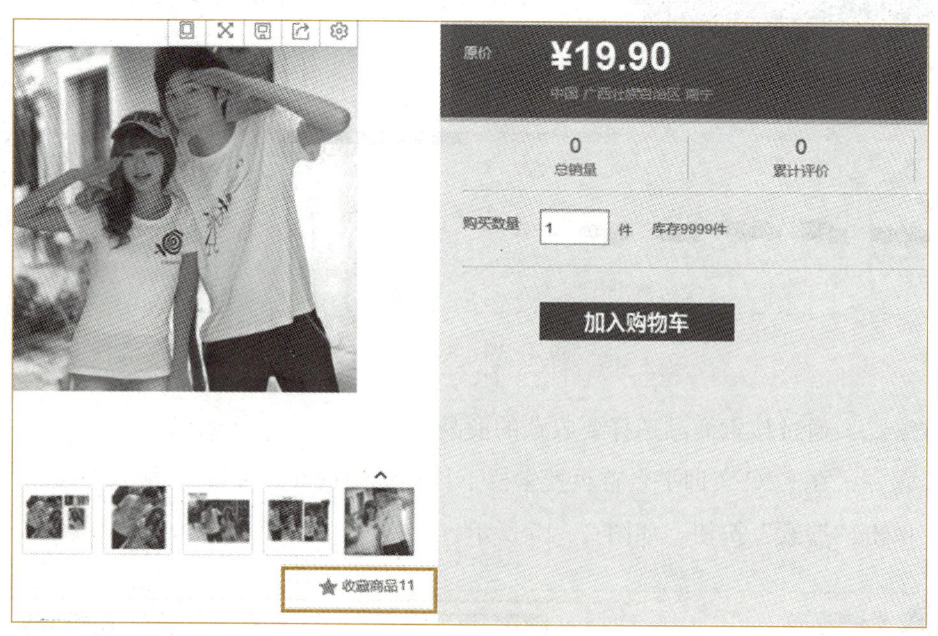

图 2－17 收藏商品

5. 咨询商品信息

方法一：产品咨询。

步骤一：登录 C2C 实训平台，单击欲咨询的某一商品的标题或图片，进入该商品的详情页，如图 2－18 所示。

图 2－18 商品详情页

步骤二：单击商品详情页“产品咨询”按钮，填写要咨询的内容，然后单击“发布咨询”按钮，如图 2－19 所示。

步骤三：打开“用户中心”，单击“我的咨询”，在“商品咨询列表”窗口可以查看卖家的回复，如图 2－20 所示。

方法二：通过阿里旺旺在线咨询。

通过阿里旺旺在线即时咨询沟通，不仅可以加快回复速度，也可以提高服务质量，促成交易。

步骤一：登录 C2C 实训平台，单击商品的左侧“商家信息”模块下方客服阿里旺旺的图标，如图 2－21 所示。

步骤二：在阿里旺旺窗口就某款商品与客服进行咨询洽谈，如图 2－22 所示。

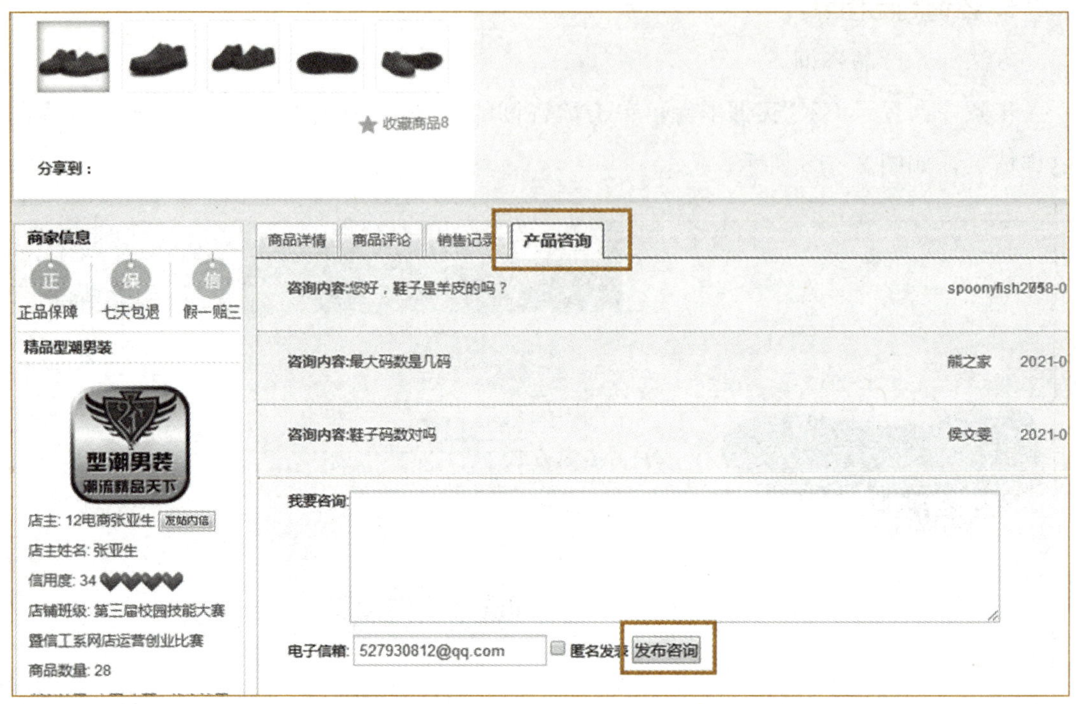

图 2-19　发布咨询

图 2-20　查看咨询

图 2－21　阿里旺旺在线咨询入口

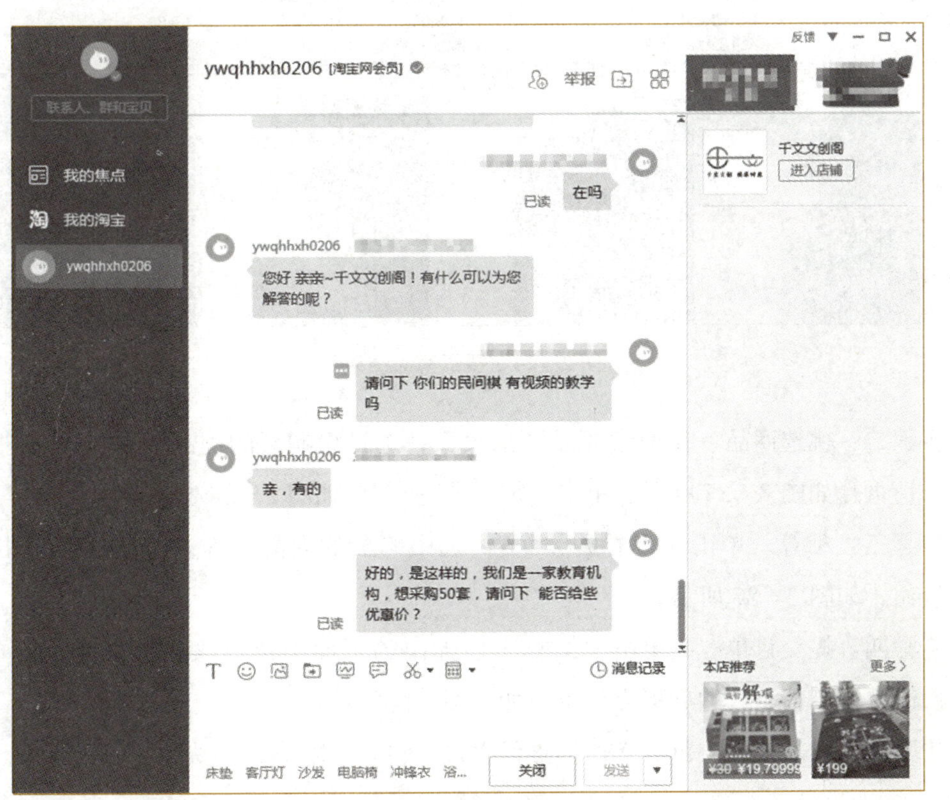

图 2－22　阿里旺旺咨询商品

6. 完成交易

步骤一：搜索商品。登录 C2C 实训平台，在首页搜索栏中输入想购买的商品名称，单击搜索，如图 2－23 所示，搜索结果如图 2－24 所示。

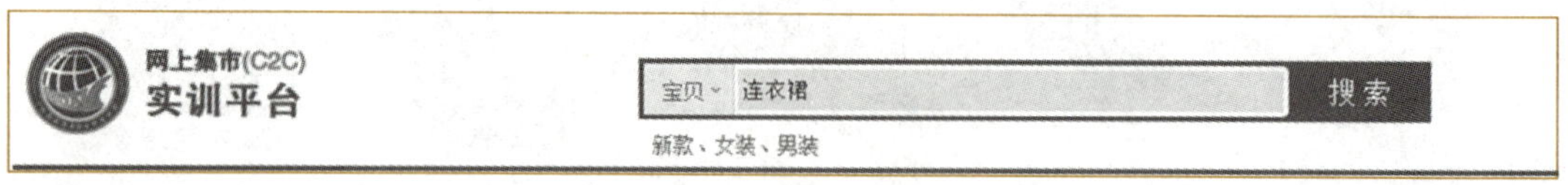

图 2－23　搜索商品

图 2－24　搜索商品结果

步骤二：挑选商品。在搜索商品结果页面，选择想购买的商品，单击图片进入该商品详情页，如图 2－25 所示。单击“加入购物车”，如图 2－26 所示。

步骤三：结算。单击“查看购物车”，选中购买的商品，确认价格后，单击“结算”按钮，如图 2－27 所示。

步骤四：提交订单。在单击“结算”后弹出的页面中选择收货地址和配送方式，并再次确认订单信息，然后提交订单，如图 2－28 所示。

步骤五：付款。在支付页面选择支付方式并付款，如图 2－29 所示。

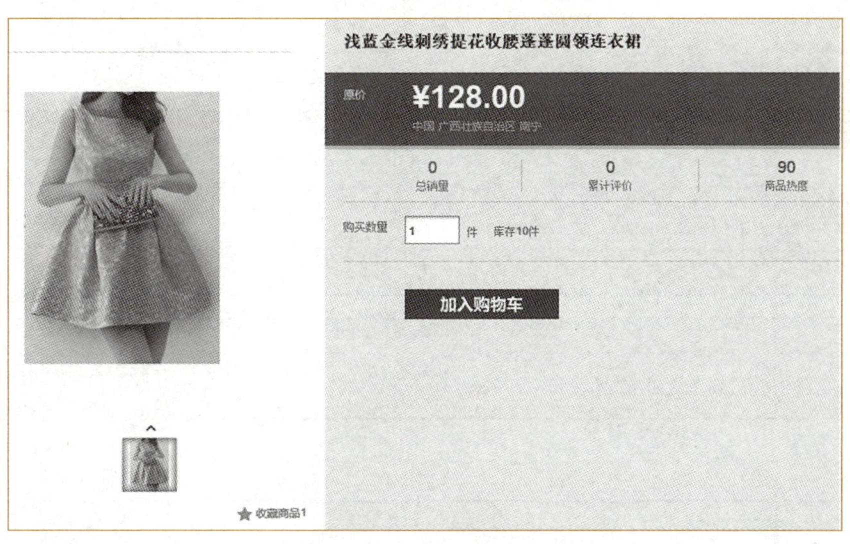

图 2－25　商品详情页

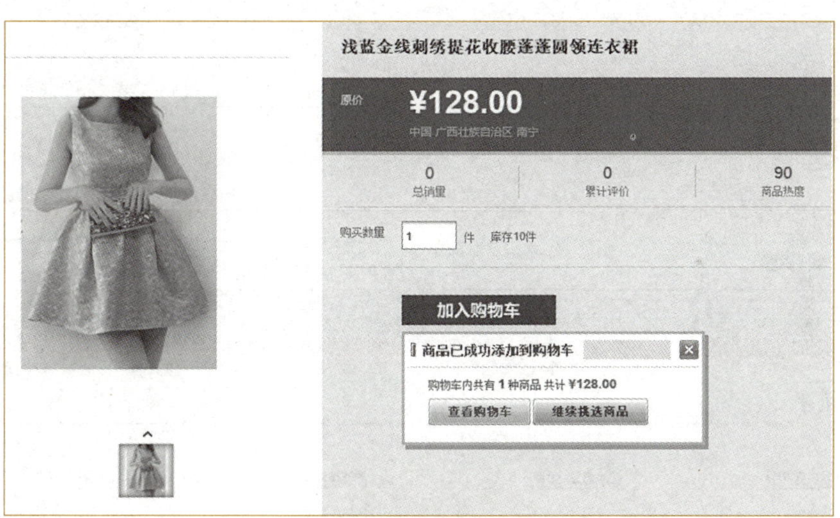

图 2－26　加入购物车

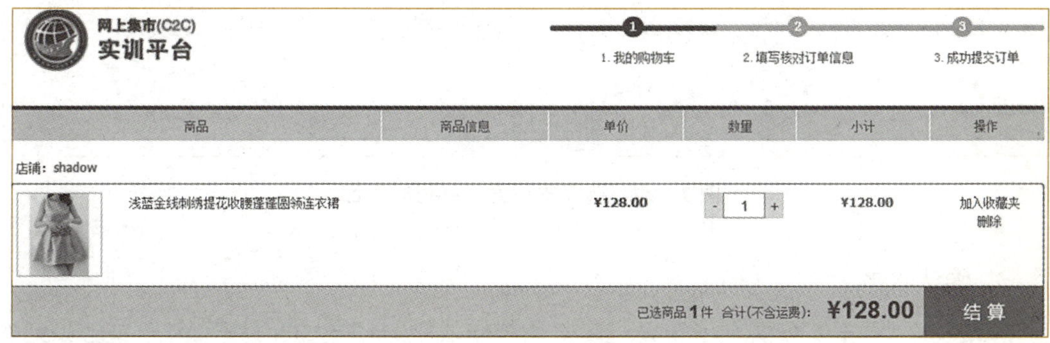

图 2－27　结算页面

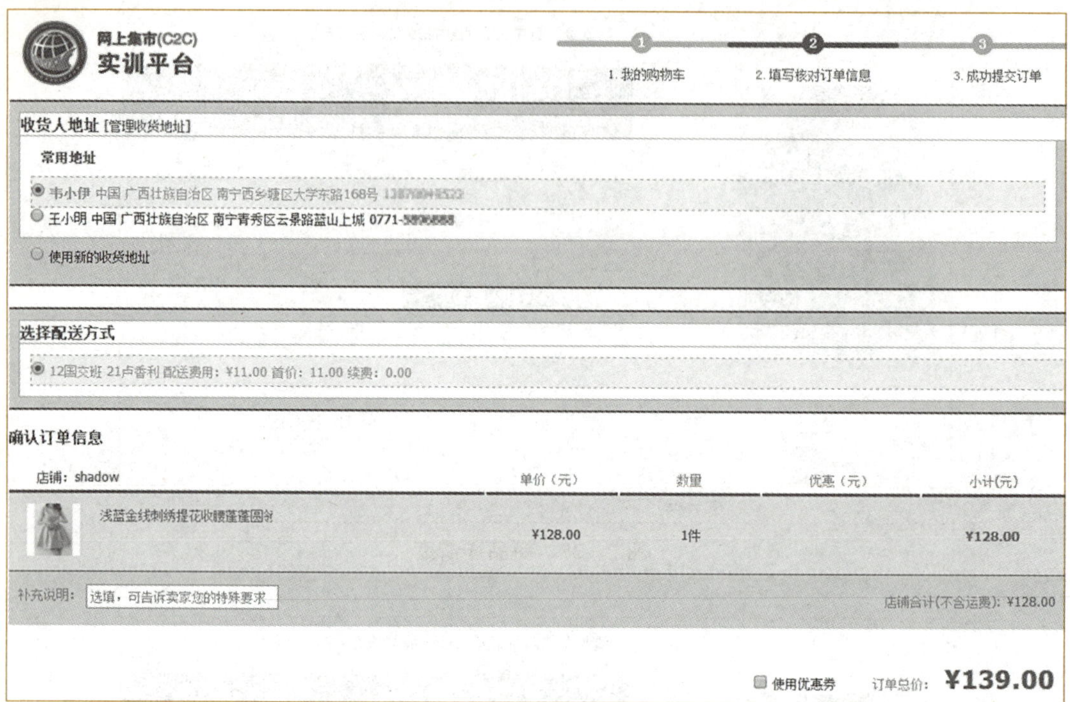

图 2-28　提交订单

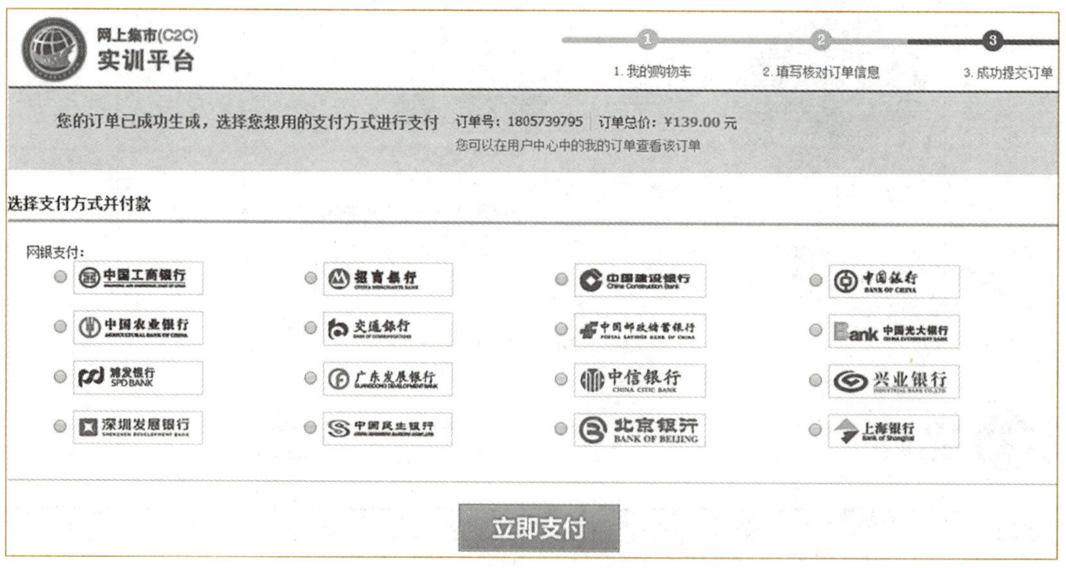

图 2-29　选择支付方式并付款页面

7. 确认收货

步骤一：登录 C2C 实训平台，进入“用户中心”—“我的交易”，单击“已买到的商品”。

步骤二：在已买到商品的订单列表中，在收到的商品订单后，单击“确认收货”按钮完成收货确认，如图 2－30 所示。

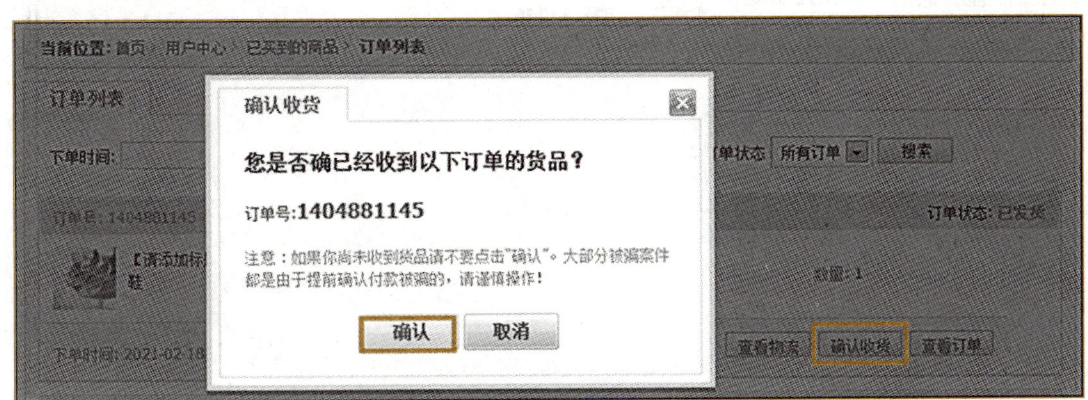

图 2－30　确认收货

8. 交易评价

步骤一：登录 C2C 实训平台，进入“用户中心”—“我的交易”，单击“已买到的商品”，在订单列表中选择订单状态为“已完成”的订单，出现已完成的订单列表，如图 2－31 所示。

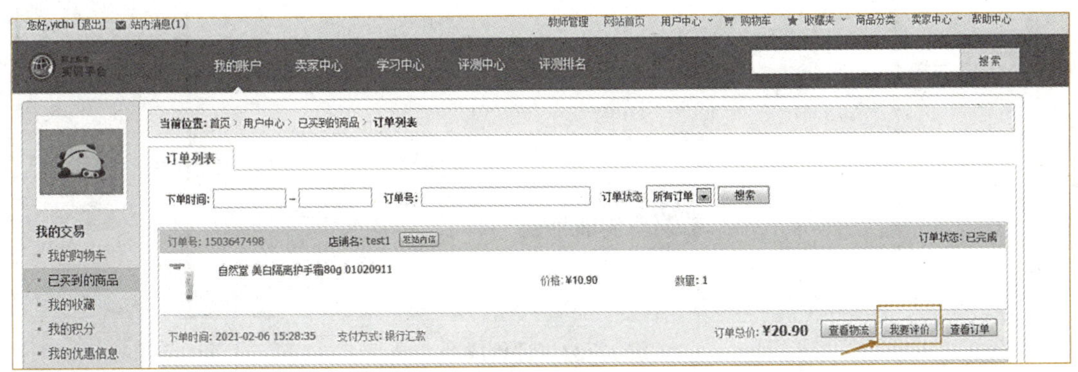

图 2－31　已完成的订单列表

步骤二：单击已完成订单下方的“我要评价”，评价商品窗口如图 2－32 所示，在评价商品窗口填写评价信息后，单击“提交”。

步骤三：评价信息提交成功后，单击“返回列表”，右侧订单状态显示“已评价”，说明评价成功，如图 2－33、图 2－34 所示。

评价商品
店铺名: test1

自然堂 美白隔离护手霜80g 0102091
1
数量：1　价格：¥10.90

我的评价

好评(加一分)　中评(不加分)　差评(扣一分)

护手霜挺滋润的，效果不错，价格也实惠

注意：

请您根据本次交易，给予真实、客观、仔细地评价。
您的评价将是其他会员的参考，也将影响卖家的信用。
累积信用和计分规则：
中评不计分，但会影响卖家的好评率，请慎重给予。

提交　以后再评

图 2-32　填写评价信息

图 2-33　评价成功

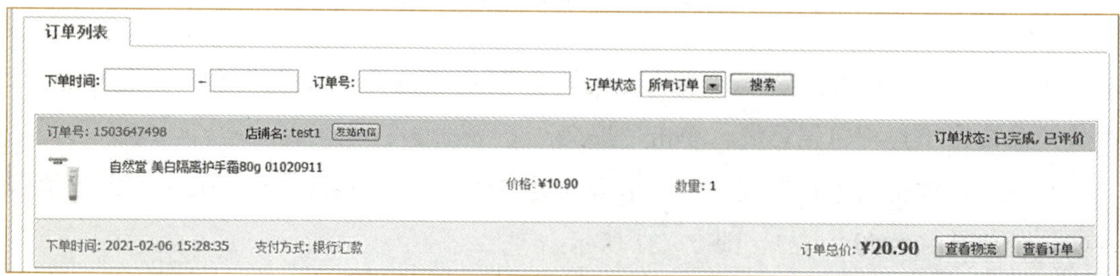

图 2-34　已评价订单列表

三、拓展任务——制作网店消费者分析表

（一）任务说明

1. 任务描述

小明的网店筹备工作计划表获得了主管的认可，主管指派小明协助筹备工作开展。小明按照计划，先为公司网店定位了一个精准的类目细分市场，即“亲子套装瓷碗”市场。对该市场相应的买家特征和买家需求进行分析，将有助于产品生产决策和网店建设规划等工作的开展。

2. 任务内容

（1）收集买家特征信息。

（2）收集买家需求信息。

（3）利用 Excel 表格制作一份网店消费者分析表。

3. 任务目的

（1）掌握一种获取买家特征信息的渠道。

（2）掌握一种获取买家需求信息的渠道。

（3）通过制作网店消费者分析表，深入了解和掌握自己的客户及其需求。

（二）知识准备

1. 买家特征的概念

买家特征是指网络零售平台上买家的基本属性，包括买家的年龄层、经济实力、购物特点、地域分布和购物时段等属性。

2. 买家需求的概念

买家需求是指买家对商品或服务的基本需求，本任务将买家需求分为两类，即“刚性需求”和“柔性需求”。对刚性需求的分析，主要通过调查买家对于产品的款式要求、价格要求和质量要求等信息进行分析。对柔性需求的分析，主要通过调查影响买家消费行为的非产品因素，如搭配因素、天气因素、潮流因素、冲动消费和社会身份等信息进行分析。

（三）工作流程

陶瓷制品公司的网店类目细分市场为亲子套装瓷碗市场。制作该市场消费者分析

表的工作流程如下：

（1）制作网店消费者分析表；

（2）收集所需的消费者信息；

（3）填写网店消费者分析表。

三个工作流程又由多个工作步骤组成，具体如下。

1. 制作网店消费者分析表

步骤一：编辑网店消费者分析表的名称等基本信息。方法：打开 WPS 或 Excel 表格，编辑表格名称、制表日期和制表人，如图 2-35 所示。

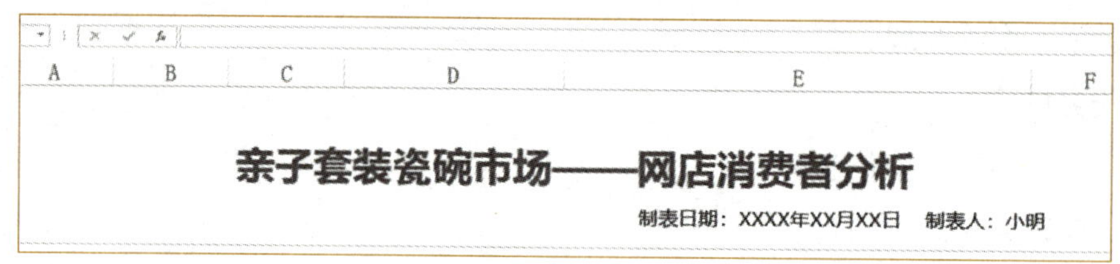

图 2-35　表格基本信息

步骤二：设计分析表的结构。网店消费者分析表的内容分为两部分，即分析买家特征与分析买家需求。所以表格首列设置为“买家特征”和“买家需求”，如图 2-36 所示。

亲子套装瓷碗市场——网店消费者分析 制表日期：XXXX年XX月XX日　制表人：小明			
买家特征		买家年龄层	
		买家性别比例	
		消费能力	
		购物特点	
		买家地域	
		购物时段	
买家需求	刚性需求	款式	
		价格	
		质量	
	柔性需求	搭配因素	
		天气、季节因素	
		潮流因素	
		从众心理	
		冲动消费	
		购买风险	
		社会身份	

图 2-36　首列设置

2. 收集所需的消费者信息

步骤一：采用关键词搜索法，找到亲子瓷碗商品搜索页，如图 2－37 所示。

图 2－37　搜索商品

步骤二：单击其中一家店铺，关于买家年龄层和性别的信息一般从商品（宝贝）详情页和买家评论中寻找，如图 2－38 和图 2－39 所示。

图 2－38　商品详情页

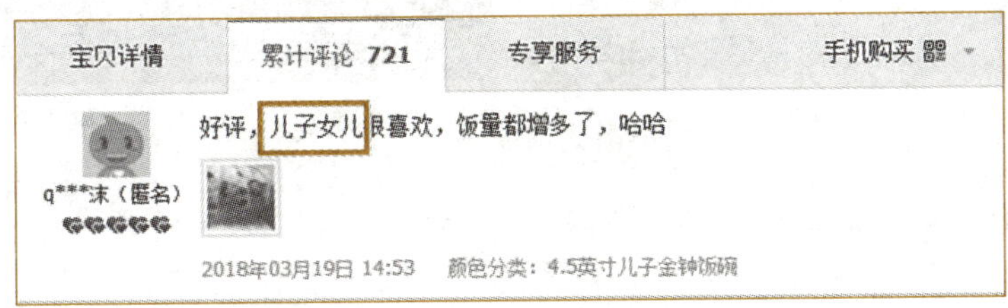

图 2－39　买家评论

该商品详情页中文案表述为上有老下有小，说明买家为年轻父母。

评论页面中，有些买家留言也会透露出买家年龄层。

消费对象的确定与网店的市场定位有关系。如本任务描述中所述网店直接定位于亲子套装瓷碗市场，依据其市场定位可以直接确定消费对象，即年轻家长，特别是年轻母亲。当网店市场定位清晰或者市场类目设置细致，则该市场对应的消费对象就比较容易确定。

步骤三：年轻家长的年龄层为25～35岁，该群体的消费特征可以通过一些渠道收集，例如利用通用搜索引擎查找，如图2-40所示。

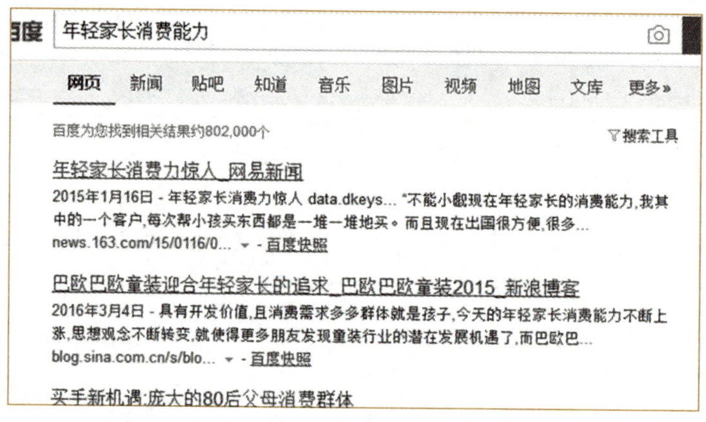

图2-40　百度搜索“年轻家长消费能力”

步骤四：查找分析买家刚性需求所需的信息。首先，收集宝贝款式信息。从搜索页查找，销量靠前的款式即为该市场买家喜欢的款式。亲子套装瓷碗的热销款式花色主要为“卡通家庭”，如图2-41所示：

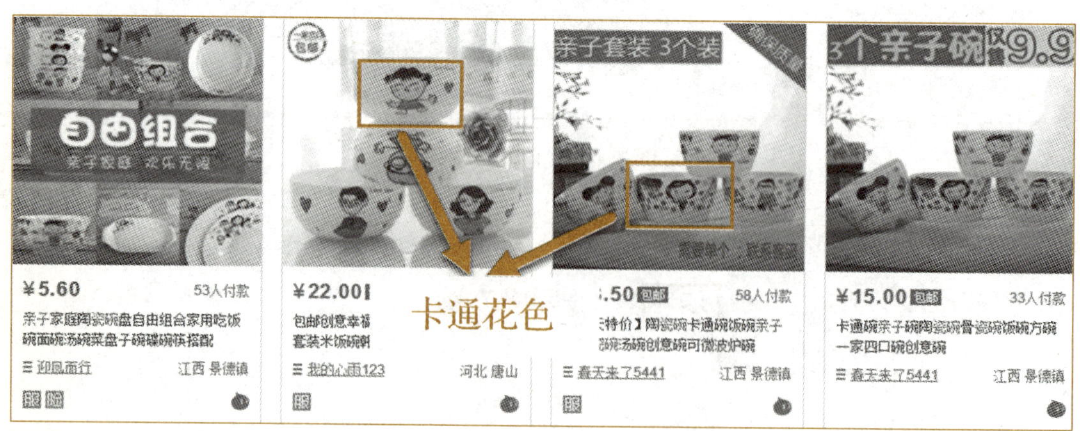

图2-41　搜索页商品主图展示

步骤五：收集宝贝价格信息。在搜索栏中查找“亲子瓷碗”，在综合排序栏中会有一个价格区间，这里的区间价位是根据消费者购买亲子瓷碗的消费金额统计出来的，从中得知60%的用户喜欢的价位为13～42元，如图2-42所示。

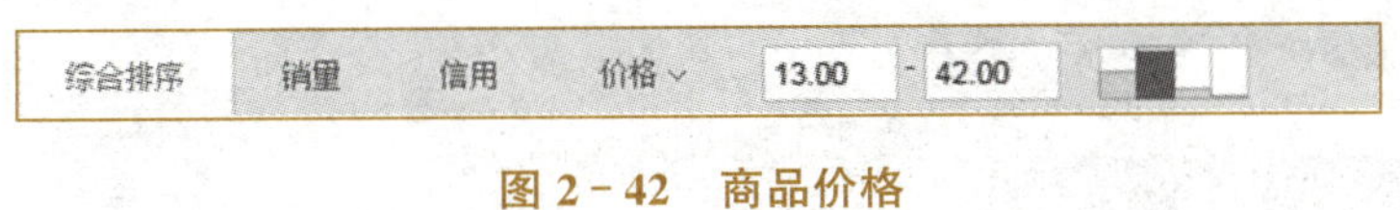

图2-42　商品价格

步骤六：收集宝贝质量信息。从买家评论处查找，可以从中找到买家对于亲子瓷碗的质量要求，如图2-43所示。

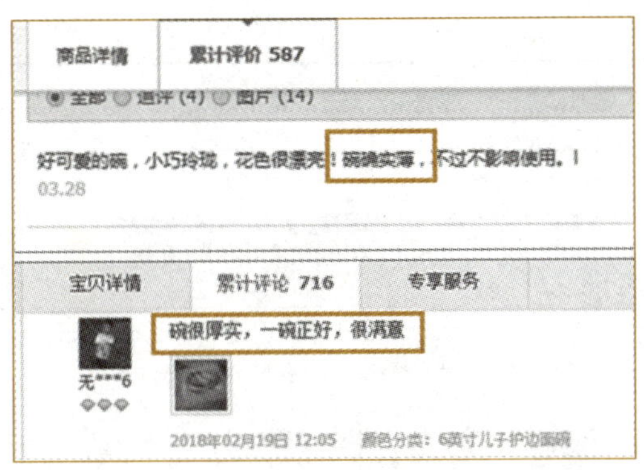

图2-43　买家对商品质量的评论

步骤七：收集宝贝搭配信息。从宝贝详情页中查找，如图2-44所示。

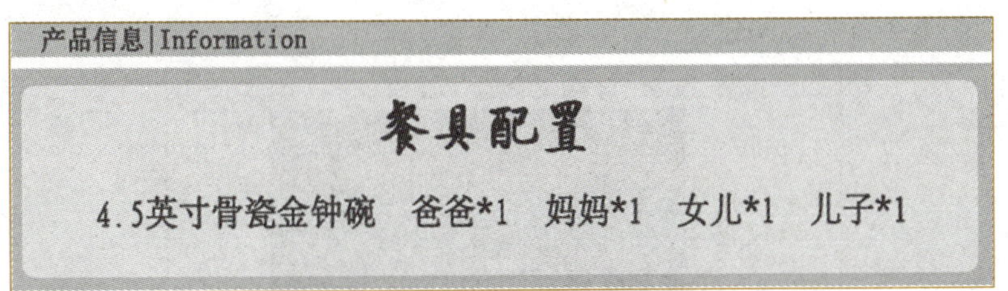

图2-44　宝贝搭配

其他类目商品的搭配信息还可以从店铺推荐的搭配套餐栏查看，如图2-45所示。

步骤八：查找分析买家柔性需求所需的信息。分析买家的消费心理，如冲动消费、追赶潮流、从众心理等因素，主要从买家评论中查找，如图2-46所示。

买家对快递物流风险的担心，会影响最终的购买决策。在亲子套装瓷碗的买家评论中，可以发现大量买家对于产品易碎的担心。而包装考虑周到的商品，获得的好评数则非常多，如图2-47所示。

图 2-45 搭配套餐推荐

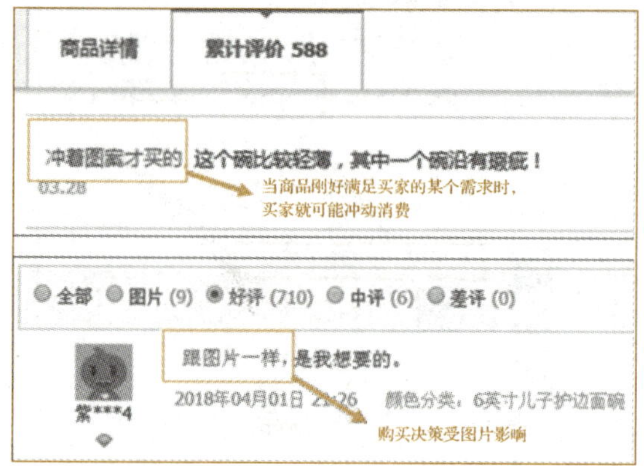

图 2-46 买家评论

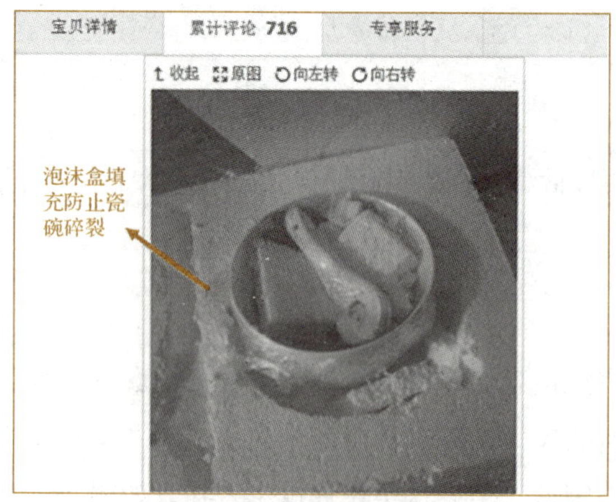

图 2-47 买家对包装的评论

事实上分析买家的消费心理的工作有一定难度，它需要对消费群有一个清楚的认知，而这些认知的建立不能仅依靠网络零售平台提供的信息来完成，还需要通过其他

渠道了解买家的柔性需求，如图书、通用搜索引擎等渠道。

3. 填写网店消费者分析表

对收集到的信息进行整理与分析，填写网店消费者分析表，如图 2－48 所示。

亲子套装瓷碗市场——网店消费者分析

制表日期：XXXX年XX月XX日　制表人：小明

买家特征		买家年龄层	25-35 岁家长，有孩子
		买家性别比例	女性占比大
		消费能力	掌握家庭财政大权，对子女投入大
		购物特点	喜欢网购
		买家地域	不限
		购物时段	晚间时段
买家需求	刚性需求	款式	卡通系列买得最多
		价格	13-42 元
		质量	要求厚实，无瑕疵
	柔性需求	搭配因素	一家 3 口、一家 4 口和一家 6 口
		天气、季节因素	春节、儿童节销量增加
		潮流因素	亲子套装，营造温馨氛围
		从众心理	当作礼物送朋友亲戚
		冲动消费	节日促销、图片视觉冲击
		购买风险	包装严实，防碎
		社会身份	高端用户对产品品质的要求高

图 2－48　网店消费者分析

对网店潜在买家进行分析后，就可以进行下一步产品研发选款和网店装修规划等工作了。以本任务为例，当确定今后网店商品的主要购买对象为年轻妈妈后，该店铺的装修风格就要围绕“年轻妈妈”进行设计和装修，设计和装修应符合这类群体的审美观，其文字语言表述也应贴近这一群体。

（四）职场小贴士——时间管理之二八定律

二八定律是 19 世纪末 20 世纪初意大利经济学家帕累托在研究英国人的财富和收益模式中发现的，即 20％的人拥有 80％的财富，因此形象地称为二八定律。他认为，在世间任何一组事物中，只有 20％的关键因素是重要的，其余的 80％尽管是多数，却都是次要的，不具备影响作用的因素，而且这种不平衡还是一种比较稳定的社会普遍现象。

如今，各种各样的问题，诸如时间管理问题、资源分配问题、核心产品问题、核心利润问题等都有类似现象：

（1）20％的商品和 20％的客户决定了企业 80％的营业额；

（2）20%的人身上集中了人类80%的智慧；

（3）20%的人口与20%的疾病，会消耗80%的医疗资源。

二八定律给我们一个重要的启示：个体要确定每项待办事件的优先次序，进行有目的的取舍，将时间花在最关键的20%的活动上，只要掌握了这些重要的活动，个体只需花20%的时间，即可取得80%的成效。

（五）思考题

请思考网店消费者分析表对之后制定商品定价策略有何影响。

单元 三

店铺设置

一、知识准备

（一）网店注册资料及平台规则

目前国内大型的第三方电子商务平台都建立了相对完善的交易体系，制定了一系列规则以保证交易的顺利进行，如淘宝网、天猫、京东等，在这些平台开设店铺，如果是个人卖家，要准备好自己的个人身份资料，包括身份证、电子邮箱、手机号、银行卡或网银账户等，并仔细阅读平台规则以避免发生违规行为而造成损失；如果是以企业的名义开设网店，还需要准备企业营业执照等相关经营资料。

（二）网店资料准备

1. 网店的名称

在给网店起名时，通常从网店经营的商品、服务、理念、目标、风格等方面综合考虑而定。如果尚未定下店名，可暂时使用某个名称，网店开通后可以再修改。网店名称总长度为 2～10 个汉字（4～20 个字母），可以参考淘宝网上经营商品与自己网店类似的店铺名称，以获得灵感。例如，有一家经营传统文化创意商品的店铺取名为“千文文创阁”，“千文”可能是《千字文》的缩写，“阁”指藏书的楼房，均体现了中华传统文化特色，“文创”说明了店铺经营的商品类型。这种“特色/缩写+类型”的起名方式值得借鉴。

2. 网店的店标

网店的店标，也称为网店 LOGO，是用图形来代表网店某种特定的形象和内涵。一个独具创意的网店 LOGO 能够准确传达网店的特色，令人印象深刻。

LOGO 可以是纯文字的，也可以是纯图形的，还可以是文字与图形结合的，如图 3－1 所示。网店的 LOGO 设计需要考虑的要素很多，最好请专业的设计师来设计。如果预算不足，也可以直接用文字 LOGO，等以后资金充裕了再升级更新。但无论是

请设计师设计，还是“自力更生”，网店 LOGO 都应做到信息传达准确、形象简单清晰、色彩协调一致。

图 3－1 LOGO 的类型

LOGO 的尺寸、图形、大小、格式等要符合平台的规则要求。淘宝网规定店铺店标上传的图片文件格式为 gif、jpg、jpeg、png 中的一种，文件大小 80K 以内，尺寸 80 像素×80 像素。

3. 网店的店招

网店的店招即网店的招牌，是网店虚拟的门面。网店店招在店铺首页或宝贝详情页的最上面，显示店名的长方形区域就是网店的店招，如图 3－2 所示。

图 3－2 店招示例

淘宝网店铺装修上传店招图片要求：PC 端店招的宽度为 950 像素，高度不超过 120 像素，否则导航店招会展示异常；手机端店招的尺寸为 750 像素×580 像素，大小 400K 左右，支持格式 jpg、png。

淘宝网的店铺 PC 端店招只支持宽度为 950 像素的图片，若要设置全屏的店招即尺

寸为 1920 像素，可以通过设置页头背景图的方式实现全屏效果。方法是通过页头背景图上传与店招图片相似的图片，通过“背景显示”调整位置后可实现全屏。

二、实训任务

（一）任务说明

1. 任务描述

在 C2C 实训平台完成申请开店、设置店标和店招、填写店铺基本信息、撰写店铺简介等任务。

2. 任务内容

（1）申请开店和设置店铺名称。

（2）设置店标和店招。

（3）填写店铺详细地址、联系电话、阿里旺旺等基本信息。

（4）撰写店铺简介。

3. 任务目的

（1）掌握申请开店的操作流程和方法。

（2）掌握上传店标和店招的操作流程和方法。

（3）掌握填写店铺基本信息的操作流程和方法。

（4）懂得如何撰写店铺简介。

（二）流程说明

完成本任务所需的步骤和顺序如图 3－3 所示。

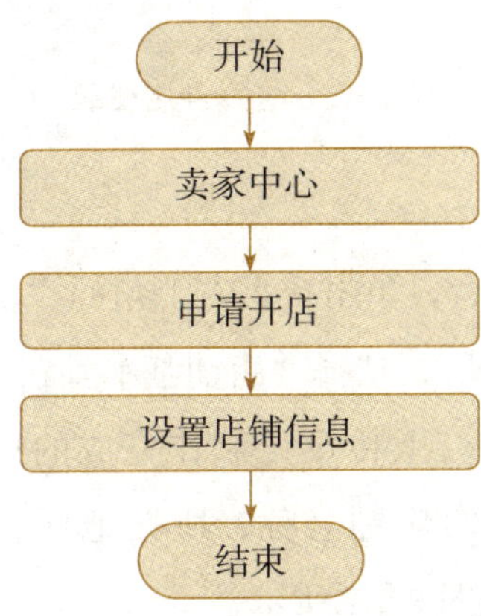

图 3－3 店铺基本设置流程

（三）操作说明

1. 申请开店

步骤一：登录 C2C 实训平台，单击“卖家中心”，在弹出的窗口中，单击“立即申请开店”，如图 3-4 所示。

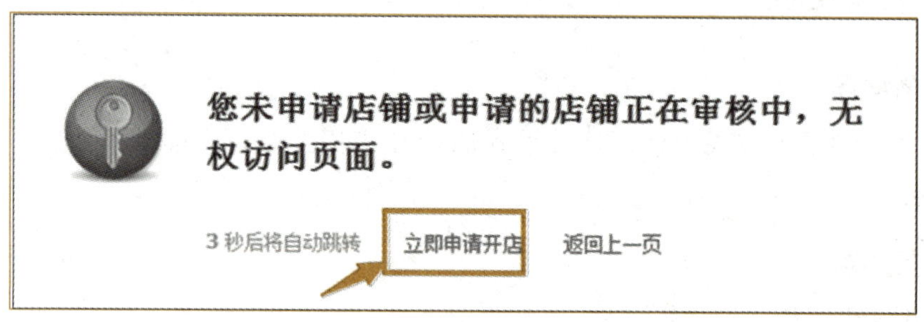

图 3-4 申请开店入口

步骤二：选择开店组别，即学生所在班级（此班级由任课教师在实训课开始前创建），单击“立即开店”，开店操作完毕，如图 3-5 所示。

1. 选择店铺类型　2. 填写店主和店铺情况　3. 完成

我要开店

2(3+2)电子商务班	商品数：不限 上传空间(MB)：不限 模板数：0 收费标准： 需要审核：是	附加功能：	编辑器多媒体功能 团购活动	请如实提交认证资料。	立即开店
国交泰语日语班	商品数：不限 上传空间(MB)：1000 模板数：1 收费标准： 需要审核：是	附加功能：	团购活动	用真实班级学号姓名	立即开店
商英越南语班	商品数：不限 上传空间(MB)：1000 模板数：1 收费标准： 需要审核：是	附加功能：	团购活动	用真实班级学号姓名申请	立即开店

图 3-5 选择开店班级

2. 设置店铺信息

步骤一：登录 C2C 实训平台，单击首页右上角的“卖家中心”进入实训系统后台，在左边导航栏中找到“店铺管理”，选择“店铺基本设置”选项，如图 3-6 所示。

步骤二：单击“更换店标”，上传设计制作完成的店标；单击“更换店铺条幅”，上传制作完成的店铺招牌；填写店铺名称、所在地区、详细地址、联系电话、联系 QQ、阿里旺旺和店铺简介。如图 3-7 所示。

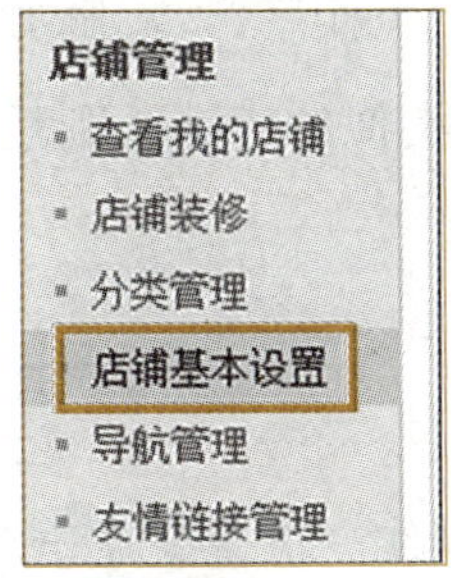

图 3-6 店铺基本设置入口

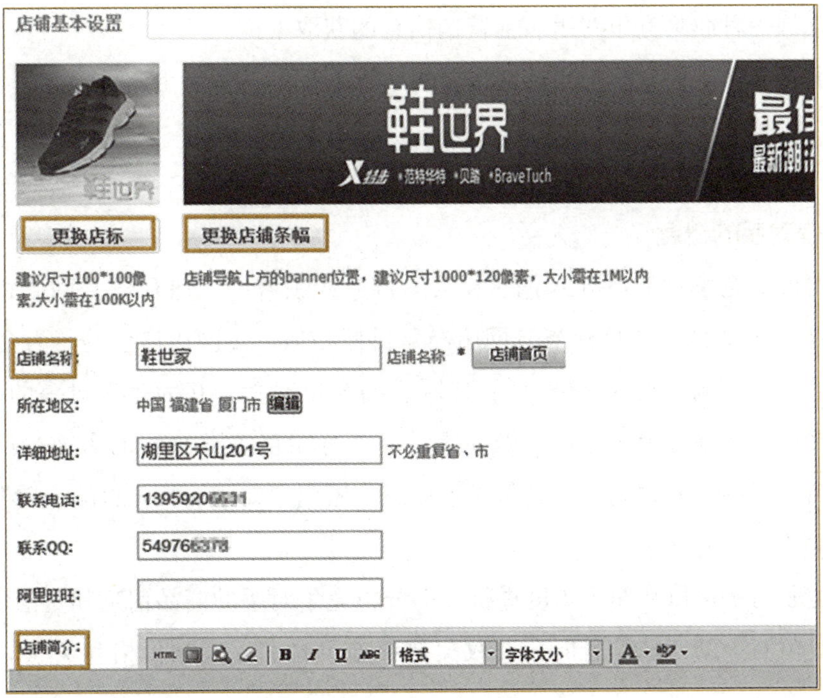

图 3-7 店铺基本设置页面

三、拓展任务——竞争对手分析

（一）任务说明

1. 任务描述

陶瓷制品公司的领导分析了市场与消费者后，选择产品优选战略，将自身拥有的产能和技术优势发挥出来，形成产品差异化、品牌化。在控制成本的前提下打造精品宝贝，推出系列产品“亲亲草原”亲子套装瓷碗。该系列产品讲述的是亲亲草原上各种动物的故事，先主推三套宝贝："大狮子""小脑斧""大灰囊"。

与"亲亲草原"网店经营策略类似的店铺，则是小明需要研究的竞争对手。

2. 任务内容

(1) 收集竞争对手店铺商品信息。

(2) 收集竞争对手店铺营销信息。

(3) 利用 WPS 或 Excel 表格制作一份主要竞争对手店铺分析表。

3. 任务目的

(1) 掌握一种收集竞争对手店铺商品信息的获取渠道。

(2) 掌握一种收集竞争对手店铺营销信息的获取渠道。

(3) 通过制作主要竞争对手店铺分析表，深入了解竞争对手，培养竞争意识。

(二) 知识准备

1. 竞争对手的概念

这里所说的竞争对手是指 A 网店在某一行业或领域中，拥有与 B 网店相同或相似资源，并且 A 网店的经营目标与 B 网店经营目标相似，A 网店产生的行为会给 B 网店带来一定的利益影响，则 A 网店就是 B 网店的竞争对手。互为竞争对手的店铺风格、产品、消费群体通常都很相近，A 做促销活动就可能直接影响 B 的店铺宝贝销量。所以，在网店经营中需要时刻关注竞争对手动态，做到"知己知彼，百战不殆"。

2. 如何分析竞争对手

分析竞争对手可以从两个角度进行，即分析竞争对手的商品信息和营销信息。

分析竞争对手的商品信息时，要收集热销宝贝排名、商品价格和买家对于商品的评价等。

分析竞争对手的营销信息时，要分析其营销方式，估算对手的产品成本。收集对手店铺的营销活动信息，将有助于跟进促销活动，并可根据竞争对手促销手段来制定自己店铺的营销活动。

(三) 工作流程

在本拓展任务里，陶瓷制品公司打造了线上系列产品，主打动物卡通花色的瓷碗。产品诞生的那一刻起就意味着陶瓷制品公司的网店与同类型店铺形成了竞争关系。

分析竞争对手店铺的三个工作流程如下：

(1) 确定分析要素，设置主要竞争对手店铺分析表的结构。

（2）收集竞争对手店铺的信息。

（3）整理与分析竞争对手店铺信息，将分析结果写入分析表。

三个工作流程又由多个工作步骤组成，具体如下。

1. 确定分析要素，设置主要竞争对手店铺分析表的结构

步骤一：编辑分析表的基本信息。方法：打开 WPS 或 Excel 表格，编辑表格名称、制表日期和制表人，如图 3－8 所示。

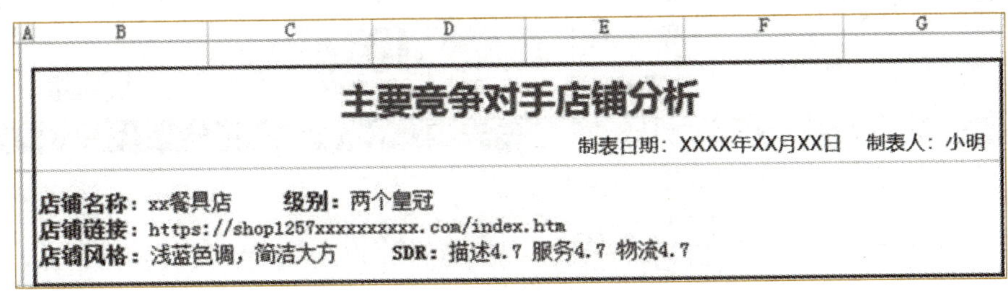

主要竞争对手店铺分析

制表日期：XXXX年XX月XX日　制表人：小明

店铺名称：xx餐具店　　级别：两个皇冠
店铺链接：https://shop1257xxxxxxxxxx.com/index.htm
店铺风格：浅蓝色调，简洁大方　　SDR：描述4.7 服务4.7 物流4.7

图 3－8　表格基本信息

步骤二：设计分析表的结构。表头设置如图 3－9、图 3－10、图 3－11 所示。

商品信息						
热销宝贝排名	商品价格	交易量	商品评价	评论数	质量做工	详情页链接

图 3－9　竞争对手商品信息

营销方式					
成本估算	促销价格	折扣力度	店铺营销活动	单品营销活动	关联搭配套餐

图 3－10　竞争对手营销方式

主要竞争对手店铺分析 制表日期：XXXX年XX月XX日　制表人：小明 店铺名称：xx餐具店　级别：两个皇冠 店铺链接：https://shop1257xxxxxxxxxx.com/index.htm 店铺风格：浅蓝色调，简洁大方　SDR：描述4.7 服务4.7 物流4.7												
商品信息							营销方式					
热销宝贝排名	商品价格	交易量	商品评价	评论数	质量做工	详情页链接	成本估算	促销价格	折扣力度	店铺营销活动	单品营销活动	关联搭配套餐

图 3－11　主要竞争对手店铺分析表

2. 收集竞争对手店铺的信息

步骤一：收集竞争对手店铺商品信息。打开竞争对手店铺页面，在所有宝贝导航模块，一般都有按销量、价格排序的店铺宝贝排行，如图 3－12、图 3－13、图 3－14 所示。

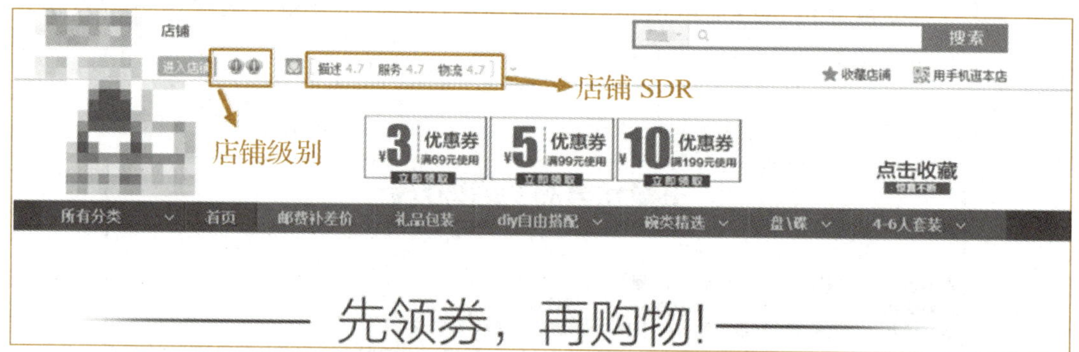

图 3－12　竞争对手店铺首页

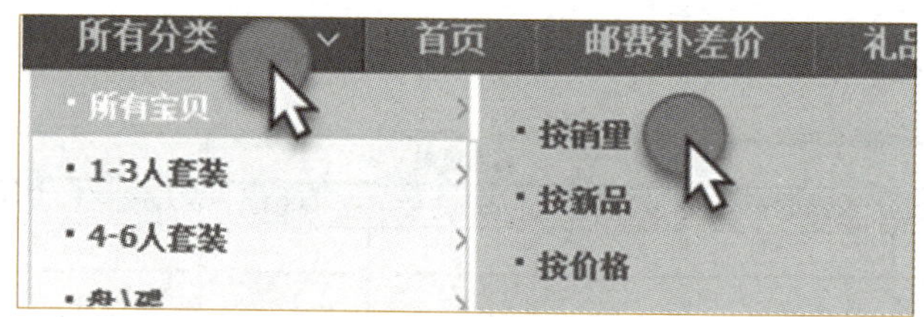

图 3－13　店铺导航

图 3－14　宝贝销量排行

步骤二：查看宝贝买家评论。单击评论，页面跳转至商品评论页面，如图 3－15 和图 3－16 所示。重点关注“中差评”，从中差评中可以了解竞争对手在“产品”和“服务”上的不足。

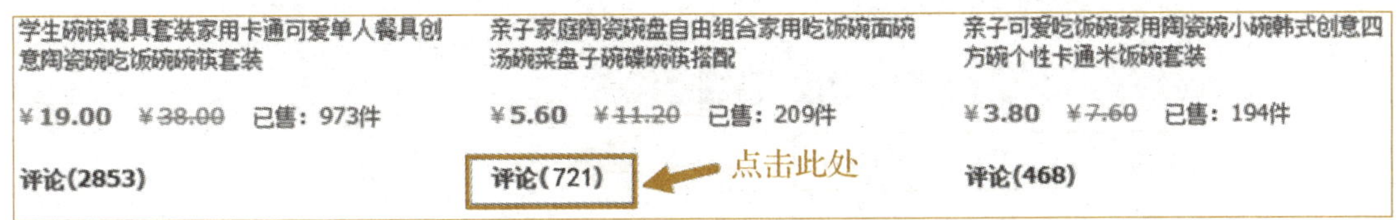

图 3－15 宝贝评论数

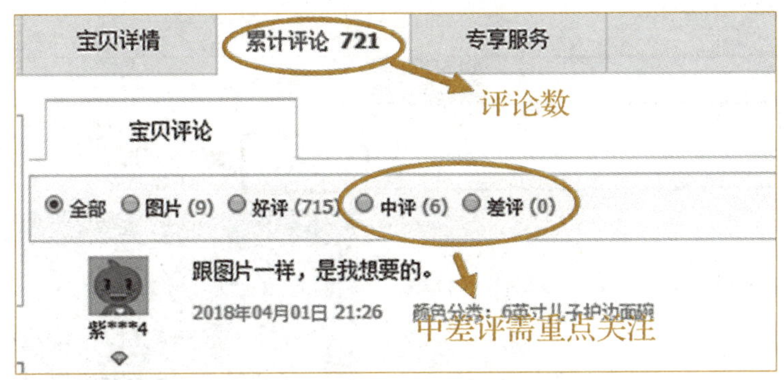

图 3－16 宝贝评论页面

步骤三：店铺促销信息的收集主要从店招、轮播图、商品标题和详情页查找，如图 3－17 和图 3－18 所示。

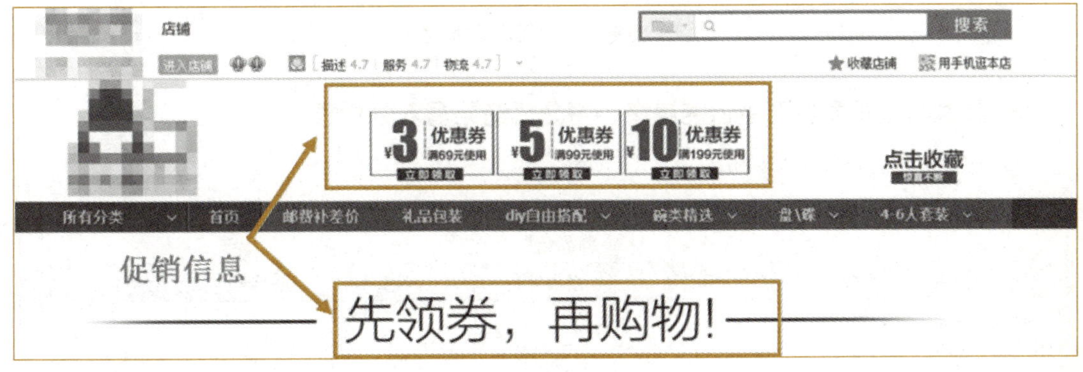

图 3－17 店铺首页促销信息

步骤四：该竞争对手没有选择直通车、钻石展位等促销方式，但我们可以在商品搜索页查看开直通车的商品，其往往也是主要竞争对手之一，如图 3－19 所示。

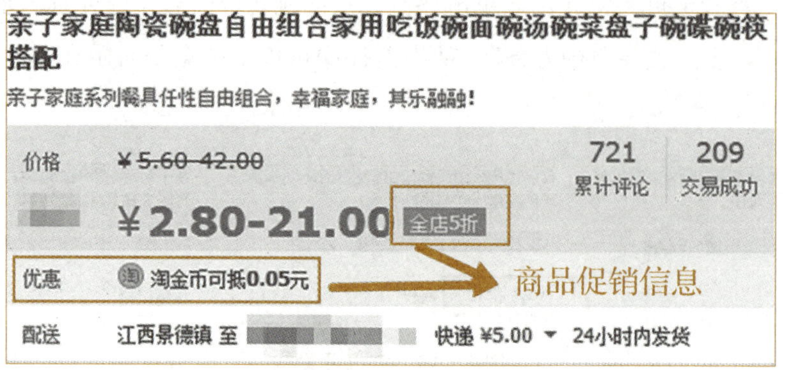

图 3-18　商品促销信息

图 3-19　搜索页右侧直通车

3. 整理与分析竞争对手店铺信息，将分析结果写入分析表

如图 3-20、图 3-21 和图 3-22 所示。

商品信息						
热销宝贝排名	商品价格	交易量	商品评价	评论数	质量做工	详情页链接
学生碗筷餐具套装家用卡通可爱单人餐具创意陶瓷碗吃饭碗碗筷套装	38-44元	973	好评（2920）中评（21）差评（14）典型评价：1、很可爱，碗很大	2853	材质：瓷 工艺：釉上彩 个别商品有瑕疵	https://item.xxxx.com/item.htm?spm=a1z10.3-c-s.w4002-14946842753.21
亲子家庭陶瓷碗盘自由组合家用吃饭碗面碗汤碗菜盘子碗碟碗筷搭配	5-42元	209	好评（715）中评（6）差评（0）典型评价：1、很可爱，碗很大	721	材质：瓷 工艺：釉上彩 个别商品有瑕疵	https://item.xxxx.com/item.htm?spm=a1z10.3-c-s.w4002-14946842753.24

图 3-20　商品信息汇总

营销方式					
成本估算	促销价格	折扣力度	店铺营销活动	单品营销活动	关联搭配套餐
生产成本：X元 物流成本：X元	19-22元	5折	1、淘金币 2、优惠券	无单品营销活动， 但单品可以自由组合，降低运费	餐具与包装礼盒搭配 需外加6元
生产成本：X元 物流成本：X元	2.5-21元	5折	1、淘金币 2、优惠券	无单品营销活动， 但单品可以自由组合，降低运费	餐具与包装礼盒搭配 需外加6元

图 3-21 营销方式汇总

主要竞争对手店铺分析

制表日期：XXXX年XX月XX日 制表人：小明

店铺名称：xx餐具店 级别：两个皇冠
店铺链接：https://shop1257xxxxxxxxxx.com/index.htm
店铺风格：浅蓝色调，简洁大方 SDR：描述4.7 服务4.7 物流4.7

商品信息							营销方式					
热销宝贝排名	商品价格	交易量	商品评价	评论数	质量做工	详情页链接	成本估算	促销价格	折扣力度	店铺营销活动	单品营销活动	关联搭配套餐
学生碗筷餐具套装家用卡通可爱单人餐具创意陶瓷碗吃饭碗碗筷套装	38-44元	719	好评（2920） 中评（21） 差评（14） 典型评价： 1、很可爱，碗很大	2955	材质：瓷 工艺：釉上彩 个别商品有瑕疵	https://item.xxxx.com/item.htm?spm=a1z10.3-c-s.w4002-14946842753	生产成本：X元 物流成本：X元	19-22元	5折	1、淘金币 2、优惠券	无单品营销活动， 但单品可以自由组合，降低运费	餐具与包装礼盒搭配 需外加6元
亲子家庭陶瓷碗盘自由组合家用吃饭碗面碗汤碗菜盘子碗碟碗筷搭配	5-42元	209	好评（715） 中评（6） 差评（0）典型评价： 1、很可爱，碗很大	721	材质：瓷 工艺：釉上彩 个别商品有瑕疵	https://item.xxxx.com/item.htm?spm=a1z10.3-c-s.w4002-14946842753	生产成本：X元 物流成本：X元	2.5-21元	5折	1、淘金币 2、优惠券	无单品营销活动， 但单品可以自由组合，降低运费	餐具与包装礼盒搭配 需外加6元

图 3-22 主要竞争对手店铺分析表

（四）职场小贴士——“SWOT”分析法

所谓 SWOT 分析，即基于内外部竞争环境和竞争条件下的态势分析，将与研究对象密切相关的各种主要内部优势（strengths）、劣势（weaknesses）和外部的机会（opportunities）、威胁（threats）等，通过调查列举出来，并依照矩阵形式排列，然后用系统分析的思想，把各种因素相互匹配起来加以分析，从中得出一系列相应的结论，而结论通常带有一定的决策性。

运用这种方法，可以对研究对象所处的情境进行全面、系统、准确的研究，从而根据研究结果制定相应的发展战略、计划以及对策等。

图 3-23 为连锁咖啡店品牌星巴克的 SWOT 分析图。

（五）思考题

依据实训任务所建店铺，尝试制作一份主要竞争对手店铺分析表。

S	W
1. 员工专业训练成果落实 2. 人才流失率较低 3. 顾客对品牌忠诚度极高 4. 咖啡豆严格挑选，获得顾客信任 5. 直营贩售，容易掌控所有分店	1. 训练员工花费成木高 2. 门市设置少，商圈无法涵盖各地 3. 门市设置通常设置在闹区，店面租金较高
O	**T**
1. 人们对咖啡的接受度越来越高 2. 异业结盟 3. 海外投资市场的开拓 4. 建立电子商务系统 5. 下午茶文化盛行	1. 健康意识抬头 2. 市场竞争激烈，替代品多 3. 易于模仿，市场门槛低 4. 原物料成本上升

图 3-23 星巴克的 SWOT 分析

单元 四

店铺装修

一、知识准备

店铺装修，最重要的是抓住客户的眼球，首页高质量的装修和精美的产品图片能吸引顾客进一步了解商品和店铺，增强顾客对商品和对商家的信心。

把店铺装修好，一是为了引入流量、提升销售；二是为了让买家更便捷、更快速地找到需要的产品。

在进行店铺装修时可以添加以下模块。

（一）友情链接

添加友情链接是一种比较实用的店铺交换推广方式，让大家第一时间看到店铺，增加店铺的浏览量，网店交换链接会带来以下好处：

（1）与朋友或者熟人交换链接，不但可以增加店铺的人气，也可以减少相应的支出。这里需要注意的是，店铺所出售的商品最好是相同主题的，至少是有所关联的，而有所互补的是最好的，只有这样，链接才不会没有实际作用。

（2）在交换链接的同时，买家的信息进行了共享，这样不但可以提高浏览量，还可以提高产品的销售与成交量。

（3）交换同等级别的链接，双方交流起来比较有共同语言，对于双方都比较有好处。

（4）人与人是互相协作的，在你助人的同时，自己也会受益。

（5）积极响应合作伙伴，合作伙伴一定要彼此关注，积极进行链接、沟通和交流，这样才能够加强日常的交流互动。

在交换链接的时候，卖家需要注意以下几个问题：

（1）将店铺的友情链接，全部进行添加。

(2) 选择链接对象的级别要比自己的店铺级别高。比如说你是钻石级别的卖家，在同等的情况下，选择皇冠级别的卖家进行链接的交换要好一些，因为能达到皇冠级别的卖家已经有大量买家，或许能给钻石级别的店铺来更多人气和流量。

(3) 链接有 PR (PageRank，网站级别) 值的店铺，对于搜索引擎的排名有优势，自然可以便捷地带来目标客户的增加。

友情链接模块如图 4-1 所示。

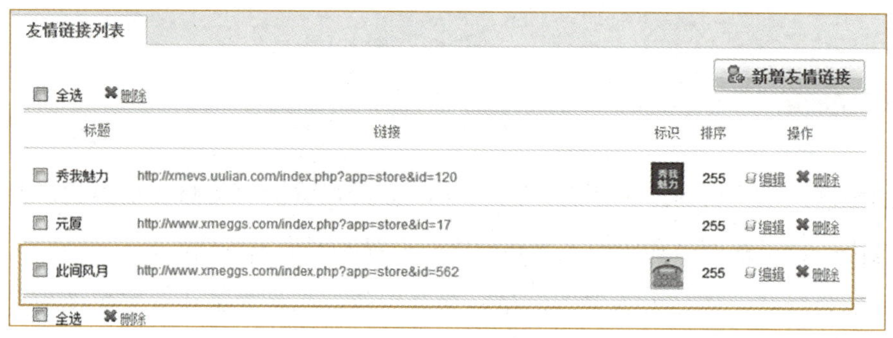

图 4-1　友情链接模块

(二) 搜索引擎

添加"搜索引擎"模块，可以方便买家在店铺内快速搜索到需要的商品，通常情况下，我们一般在搜索页面不添加太多的模块，最多添加一个促销模块，比如团购、爆款、热销等促销广告，如图 4-2 所示。

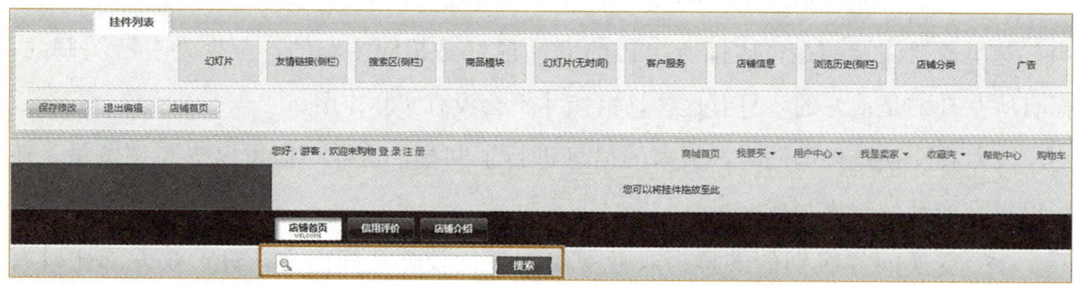

图 4-2　搜索引擎模块

(三) 广告模块

广告模块用于商品展示和活动促销，一般放在店铺首页，如图 4-3 所示。第一屏广告区是非常重要的，因为顾客进店后首先看到的就是这个区域，因此，其曝光率最高，渲染作用最为明显。建议此区域放置大图要生动漂亮，突出店铺的形象和风格，

内容可以推荐近期店内的主推活动、产品，比如换季热卖、满百包邮等。

图 4-3 广告模块

（四）商品模块

根据卖家的实际需求，在店铺首页上添加商品模块并重新命名为“热卖商品”、“分类商品”或“聚划算商品”等，买家可以通过这些模块更直观地查看店铺主推商品和促销商品，如图 4-4 所示。

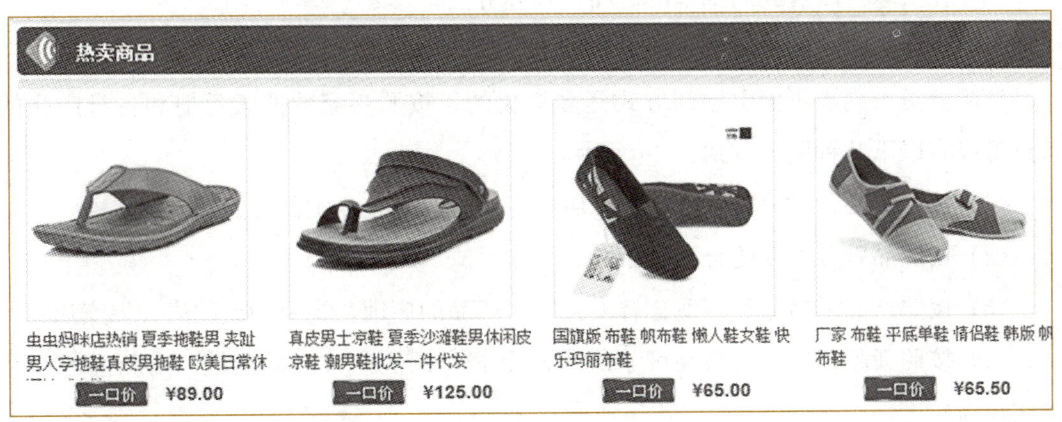

图 4-4 商品模块

（五）店铺分类模块

店铺分类模块也即商品分类模块，用于展示分类后的商品。通常，网店不只卖一件商品，但由于页面排版和店铺首页美观性的限制，卖家不能把所有商品都放在首页上，所以就像超市一样，需要对商品进行分类引导，方便买家进行选购，如图 4-5 所示。

热门分类	新品热卖↓
* 热卖品牌	素野|兰黛|碧欧泉|FaceShop|高丝|迪奥|欧莱雅|兰蔻|雅顿|兰芝|ZA|IQQU|Goodal
* 护肤	洁面|爽肤水|精华|乳液|面霜|面膜|眼霜|眼膜|卸妆|润唇膏|护手霜|小样品牌套装|调理霜|身体护理|去角质霜|补水喷雾|男士护肤
* 彩妆	BB霜|隔离/妆前|粉底|粉饼|睫毛膏|蜜粉|眉笔|眼线|遮瑕|眼影|腮红|唇蜜|口红防晒霜|指甲油|化妆工具
* 香水	女士香水|男士香水|情侣香水|中性香水|星座专场|礼物专场|夏日香水|年度排行奢华香水|试管香水
* 护理	美发|唇膏|手足护理|身体磨砂|纤体丰胸|脱毛|口腔护理|沐浴止汗
* 功效	美白|补水|保湿|细致毛孔|淡斑|祛痘|去角质|去黑头|抗皱|抗辐射|控油抗敏感|去眼袋/黑眼圈

图 4-5　店铺分类模块

商品分类和列表页面引导的作用有三个：

（1）方便买家找到想要的商品；

（2）让买家一眼看到店铺里的产品系列和分类；

（3）可以把首页的流量有效地引导到子页面，提高访问深度。

商品分类、列表页面引导的方式是多样化的，按照买家的搜索习惯和自身产品的特点可以有以下几种引导方式：

（1）按照产品种类分类（适合旗舰店、专卖店和有多品类的专营店）；

（2）按照品牌分类（适合专营店）；

（3）按照产品风格分类（适合有多种风格产品的店铺，主要为旗舰店、专卖店）；

（4）按照新品分类（适合品牌旗舰店以及客户回头率较高的店铺，对新品的关注度比较高）；

（5）按照价格分类（适合品类比较丰富、价格跨度比较大的店铺）；

（6）按照活动或者折扣来分类（适合店内做促销活动）；

（7）除了以上常见的几种方式，根据不同产品还有很多分类方式，比如皮具类会按材质分类，服装类会按款式分类，等等。

（六）幻灯片模块

幻灯片模块用于重点推荐一款产品或一个系列的产品，如图 4-6 所示。

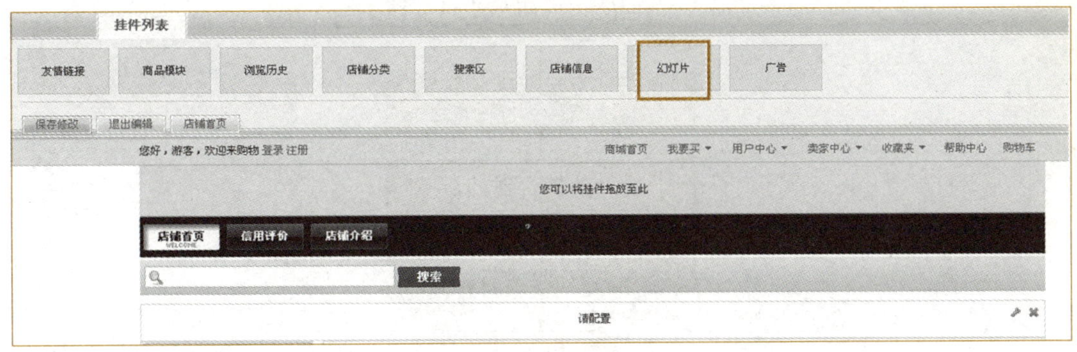

图 4-6 幻灯片模块

二、实训任务

(一) 任务说明

1. 任务描述

在 C2C 实训平台完成店铺装修。

2. 任务内容

(1) 添加友情链接模块。

(2) 添加店内搜索模块。

(3) 添加广告模块。

(4) 添加商品模块。

(5) 添加店铺分类模块。

(6) 添加幻灯片模块。

3. 任务目的

(1) 掌握店铺装修的基本流程。

(2) 通过店铺装修引入流量、提升销量。

(二) 流程说明

完成本任务所需的步骤和顺序，如图 4-7 所示。

(三) 操作说明

登录 C2C 实训平台，单击首页右上角的“卖家中心”进入实训平台后台，在左边

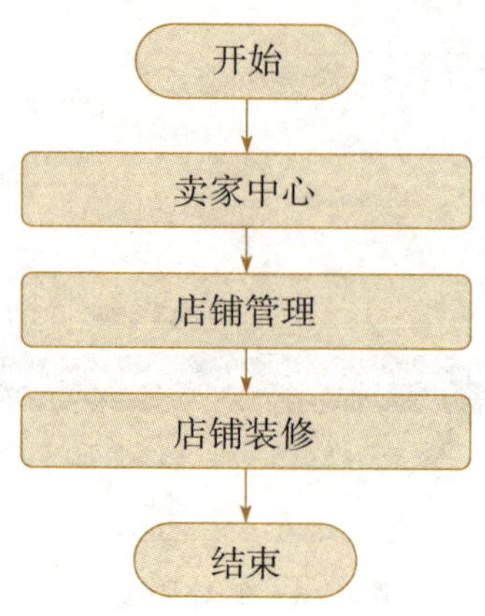

图 4-7 店铺装修任务流程

导航栏中找到“店铺管理”，选择“店铺装修”选项，选择“主页”，可以看到可添加的模块有友情链接、商品模块、店铺分类、搜索区、幻灯片、广告等。

1. 添加友情链接模块

步骤一：登录 C2C 实训平台，单击进入“卖家中心”。

步骤二：在卖家中心左侧栏“店铺管理”下，单击“友情链接管理”，在友情链接列表页面单击“新增友情链接”，如图 4-8 所示。

友情链接列表

全选 删除　　新增友情链接

标题	链接	标识	排序	操作
淘宝店	http://shop35515999.taobao.com		1	编辑 删除
京东店	http://shop35515999.taobao.com		255	编辑 删除
一号店	http://shop35515999.taobao.com		255	编辑 删除
天猫	http://shop35515999.taobao.com		255	编辑 删除
苏宁易购	http://shop35515999.taobao.com		255	编辑 删除

全选 删除

图 4-8 友情链接列表

步骤三：在新增友情链接窗口中填写友情链接标题和链接地址，根据需要上传友情链接的标识，该标识图片的尺寸为 150 像素×50 像素，然后单击“提交”，如图 4-9 所示。

步骤四：在“店铺装修”的“主页”装修页面添加“友情链接”模块。单击挂件列表中的“友情链接”挂件，并将其拖放到左侧栏，添加友情链接模块操作完毕，如图 4-10、图 4-11 所示。

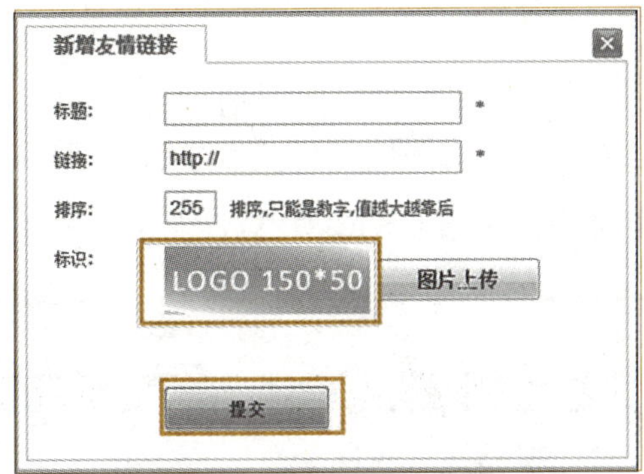

图 4－9　新增友情链接

图 4－10　友情链接挂件

图 4－11　友情链接添加后效果图

2. 添加店内搜索模块

步骤一：登录 C2C 实训平台，单击进入“卖家中心”。

步骤二：在卖家中心左侧栏“店铺管理”下，选择“店内搜索”模块，拖放到左侧栏黄色框区域内，操作完毕，如图 4-12 所示。

图 4-12　店内搜索

3. 添加广告模块

步骤一：登录 C2C 实训平台，单击进入“卖家中心”，进入主页装修模块，单击“广告”挂件，如图 4-13 所示。

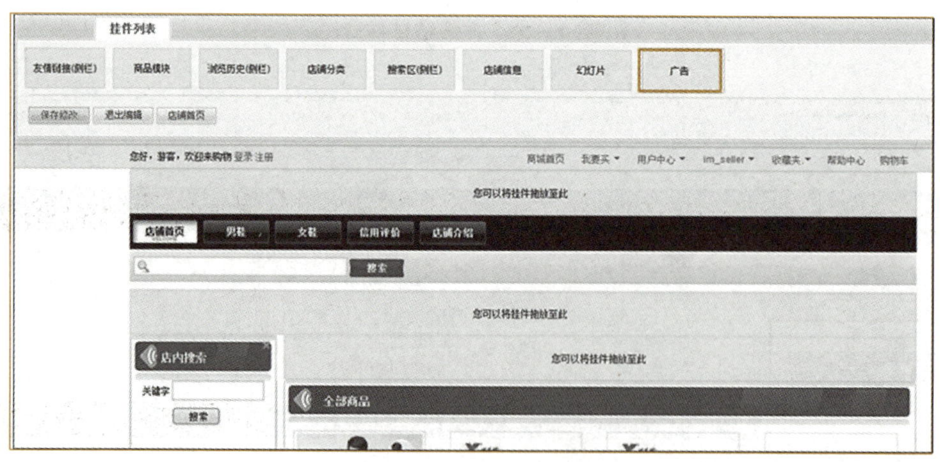

图 4-13　“广告”挂件

步骤二：在出现的“请配置”挂件中，单击“■”图形，进行编辑，如图 4-14 所示。

图 4－14　配置挂件页面

步骤三：进行广告详细配置，即添加广告起止时间，不添加起止时间系统将默认为无限制，如图 4－15 所示。

配置挂件

广告起始日期：(选填，留空为不限制起始日期，格式 2009-10-01)

广告结束日期：(选填，留空为不限制结束日期，格式 2009-10-01)

展现方式：

代码

广告 HTML 代码：

提交　重置

图 4－15　配置详情

说明：配置挂件时，挂件展现方式可选择代码、文字、Flash、图片中任意一种，以图片展现方式为例，第一屏图片宽度建议是 1000 像素内，高度不限制，以美观整洁为主。选择图片地址并上传，图片高度、图片宽度、图片替换文字都是选填的，如图 4－16、图 4－17 所示。

展现方式:

图片

图片地址:(必填)

选择文件 未选择文件

图片链接:(必填)

图片宽度:(选填)

图片高度:(选填)

图片替换文字:(选填)

提交 重置

图 4-16 图片展现方式

图 4-17 广告效果图

4. 添加商品模块

步骤一：登录 C2C 实训平台，单击进入“卖家中心”。

步骤二：进入主页装修模块，在挂件列表页面单击“商品模块”挂件，并把挂件拖放在“全部商品”板块上面，如图 4-18、图 4-19、图 4-20 所示。

步骤三：挂件拖放到位后，单击挂件右上角的“ ”图标，进行配置，如图 4-21 所示。

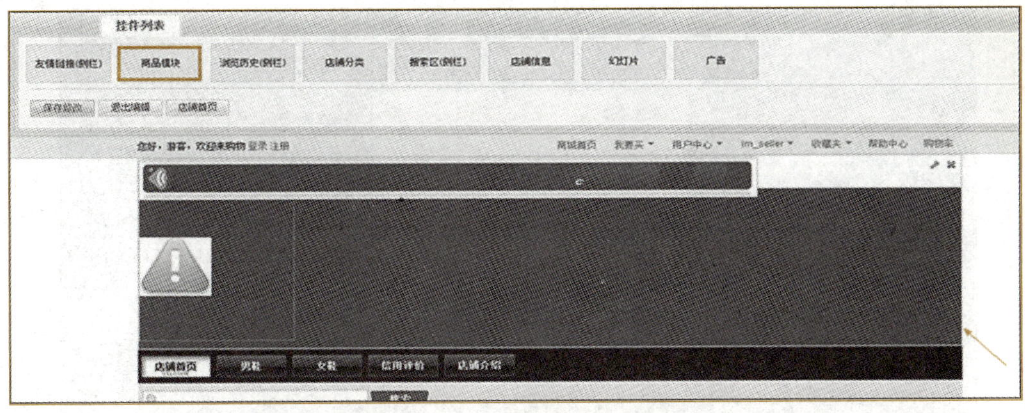

图 4－18　挂件列表页面

图 4－19　商品模块挂件放置位置

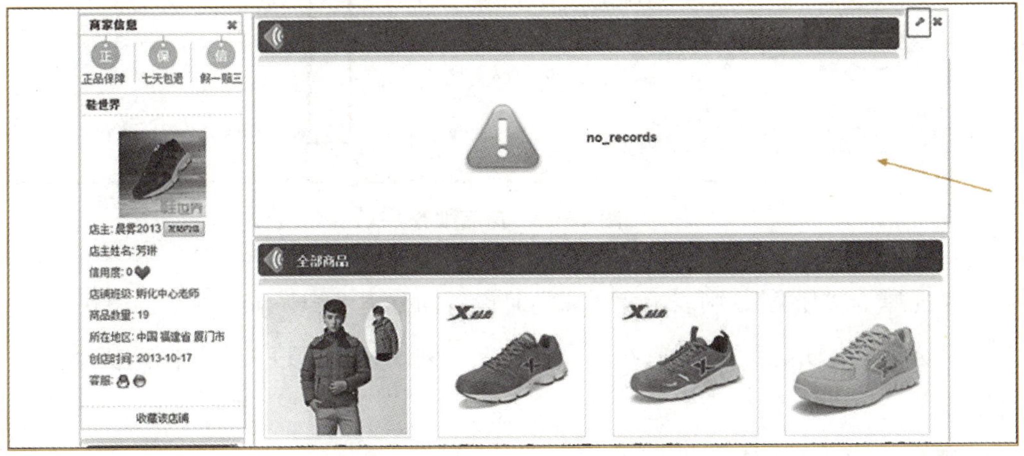

图 4－20　商品模块挂件拖放后效果图

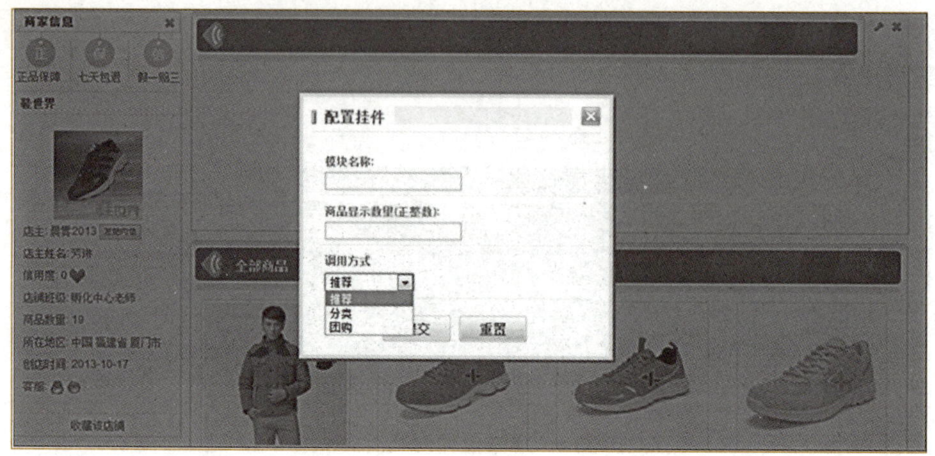

图 4-21　商品模块配置

步骤四：填写模块名称、商品显示数量，以及调用方式（推荐、分类、团购）。

如果选择了“推荐”，则表示在上架商品时选择了“推荐”的所有产品都会展示出来，如图 4-22 所示。

商品列表　品牌列表　新增商品　淘宝助理导入

全选　导出简易csv　编辑　删除　本店分类　上架的　搜索

商品名称	商品分类	品牌	价格	库存	上架	推荐	聚售	操作
【天天特价】型男羽绒服 时尚	男装		299.00	800	✔	✔	⊘	编辑 导出UBB 删除
秋季特步运动鞋跑步鞋正品包邮特步女鞋跑鞋轻便鞋子女鞋清仓特价	流行男鞋 休闲鞋		149.00	34	✔	✔	⊘	编辑 导出UBB 删除
特步正品男鞋时尚烽火一代复刻珍藏版时尚跑步鞋988219110678	流行男鞋 休闲鞋		155.00	75	✔	✔	⊘	编辑 导出UBB 删除
特步男鞋 正品 鞋运动鞋网面2013夏季新款透气轻便跑鞋特价免邮	流行男鞋 休闲鞋		192.00	690	✔	✔	⊘	编辑 导出UBB 删除

图 4-22　商品推荐

如果选择了“分类”，则表示发布商品时设置的分类就会显示在该商品模块里面。

如果选择了“团购”，则只有在买家中心的聚划算模块下报名参与团购活动并成功了才能显示。

5. 添加店铺分类模块

步骤一：登录 C2C 实训平台，单击进入“卖家中心”。

步骤二：在左边栏选择“店铺管理”，单击“分类管理”按钮到达分类管理页面，单击“新增分类”按钮，弹出编辑面板，设置分类名称、上级分类、是否显示，以及上传设置好的分类图片，如图 4－23 和图 4－24 所示。

图 4－23　商品分类列表

图 4－24　商品分类编辑

步骤三：进入主页装修模块，在挂件列表页面单击“商品分类”挂件，并将其拖至左侧栏，建议放置在“店铺信息”下面或者“友情链接”上面，位置可以自行决定，美观就好，如图 4－25 所示。

6. 添加幻灯片模块

步骤一：登录 C2C 实训平台，单击进入“卖家中心”。

步骤二：进入主页装修模块，在挂件列表页面单击“幻灯片”挂件，然后把挂件拖放在合适的位置上，进行配置，如图 4－26 所示。

步骤三：设置幻灯片的轮播时间、上传图片、填写链接地址，可以添加多个图片，即多个图片进行轮流播放，一般建议三张左右，效果如图 4－27 所示。

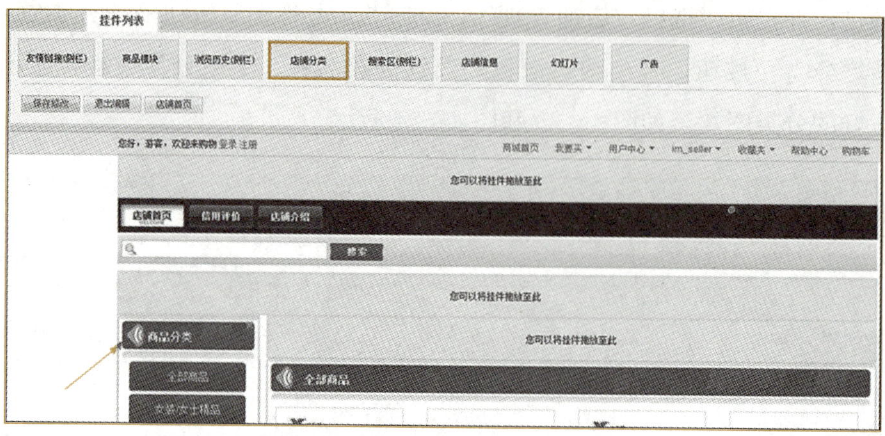

图 4－25　商品分类挂件

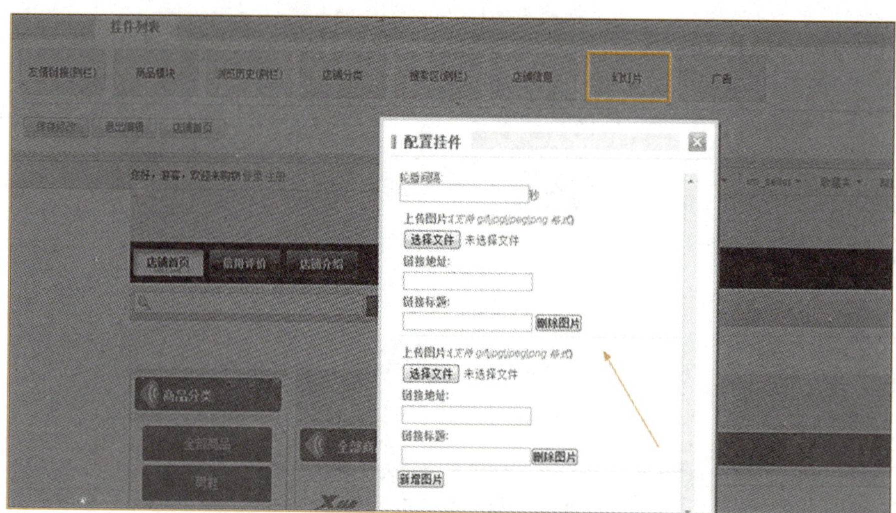

图 4－26　配置幻灯片模块

图 4－27　幻灯图片广告

三、拓展任务——店铺体验与二次优化

（一）任务说明

1. 任务描述

在小明和电商部同事的共同努力下，公司网店正式上线。网店风格为“非洲大草原”，元素多采用“一家三口”的动物形象。客服名称也是动物昵称，文案表述也是动物拟人化。但店铺建设是靠电商部完成的，电商部觉得网店风格可行，不代表客户就一定喜欢，所谓当局者迷。这时需要邀请其他部门和公司外潜在客户进店浏览体验，并在体验者的反馈基础上，做店铺的二次优化。

2. 任务内容

制作一份客户进店体验表。

3. 任务目的

（1）通过制作客户进店体验表，了解店铺装修的重要性。

（2）掌握店铺装修优化流程和方法。

（二）知识准备

1. 进店体验反馈的重要性

心理学里有个概念叫做“锚定效应”，指人们在对某人某事做出判断时，易受第一印象或第一信息支配，就像沉入海底的锚一样把人们的思想固定在某处。由于这个心理效应，电商策划人员在反复优化修改方案后，认为已经没有可优化的空间了，此时即使还有错误，策划人员也看不出来。而从未看过方案的人进店体验，他们身上没有“锚定效应”，往往能从自身的观点、经验和角度，提出不同的建议。特别是潜在买家的体验反馈，是店铺二次优化的重点。

2. 让试用者体验反馈的内容

（1）商品主图的反馈。主图是商品的展示图，买家在商品搜索页看到的就是商品的主图。主图优化对于提高商品的点击率很重要，因为买家在找商品时同时展现在其眼前的并不是只有一件商品，而是几十件商品，如何在这几十件商品中脱颖而出让顾客去点击你的商品，这就是主图优化的作用。

（2）商品描述的反馈。商品描述主要作用体现在两方面：其一吸引顾客，提高商品成交的转化率；其二展示店铺促销信息，引导顾客查看店铺其他商品，从而增大顾客的购买金额。

（3）商品详情页的反馈。网上购物简单地说就是看图文购物，图文做得不好将影响成交率。

（4）店铺装修风格的反馈。从顾客的店铺体验出发，提出顾客关心的三个问题：

- 是否方便在店内寻找其他商品。
- 是否方便获知店铺的促销活动信息。
- 店铺主推商品是否出现在店铺首页显眼位置。

（三）工作流程

“亲亲草原”网店组织电商部邀请他人体验，并根据反馈进行二次优化，这项工作的流程如下：

（1）制作“亲亲草原”店铺体验表；

（2）确定邀请对象以及赠送的礼品；

（3）整理反馈信息，对店铺进行二次优化。

这些工作流程又由多个工作步骤组成，具体如下。

1. 制作“亲亲草原”店铺体验表

步骤一：编辑反馈表的基本信息。打开 WPS 或 Word 文档，编辑反馈表名称和填写说明，如图 4－28 所示。

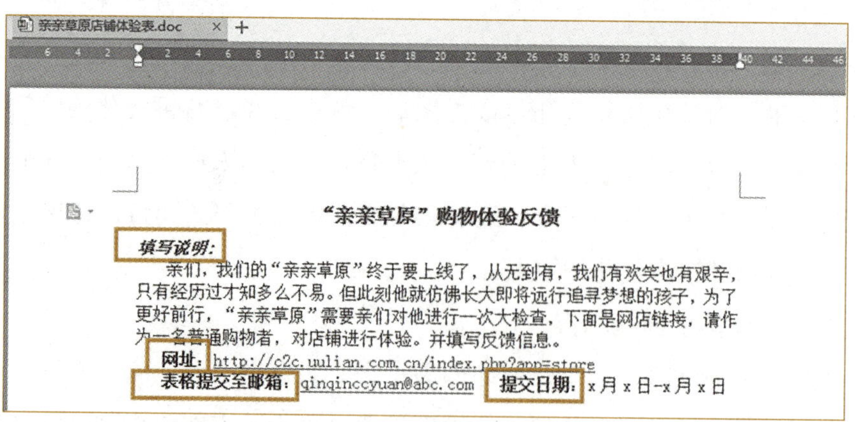
亲亲草原店铺体验表.doc

“亲亲草原”购物体验反馈

填写说明:

亲们，我们的“亲亲草原”终于要上线了，从无到有，我们有欢笑也有艰辛，只有经历过才知多么不易。但此刻他就仿佛长大即将远行追寻梦想的孩子，为了更好前行，“亲亲草原”需要亲们对他进行一次大检查，下面是网店链接，请作为一名普通购物者，对店铺进行体验。并填写反馈信息。

网址：http://c2c.uulian.com.cn/index.php?app=store

表格提交至邮箱：qinqinccyuan@abc.com 提交日期：x 月 x 日-x 月 x 日

图 4－28　表格基本信息

填写说明：告知填表用户填表的目的、体验网址、提交到何处以及提交时间。

步骤二：设计反馈题目，考虑到反馈表是以电子文档提交至邮箱，所以选项以标黄的形式选择。如表 4－1 所示。

表 4－1　“亲亲草原”购物体验反馈

填写说明： 亲们，我们的“亲亲草原”终于要上线了，从无到有，我们有欢笑也有艰辛，只有经历过才知多么不易。但此刻它就仿佛长大即将远行追寻梦想的孩子，为了更好地前行，“亲亲草原”需要亲们帮它进行一次大检查，下面是网店链接，请作为一名普通购物者，对店铺进行体验，并填写反馈信息。 网址：http://c2c.uulian.com.cn/ 表格提交至邮箱：qinqincy@abc.com　提交日期：×月×日—×月×日 答题说明：请直接将目标选择项标黄（如□很好；□好；□一般；□不好） 1. 与其他店铺主图相比，您对亲亲草原商品主图的评价是：□很好；□好；□一般；□不好 原因或建议： 2. 商品描述、价格对帮助您了解商品或激发您购买欲的效果如何：□很好；□好；□一般；□不好 原因或建议： 3. 对于商品展示图片，您的评价是：□很好；□好；□一般；□不好 原因或建议： 4. 对于详情页文案，您的评价是：□很好；□好；□一般；□不好 原因或建议： 5. 促销信息和力度对于吸引顾客的效果：□很好；□好；□一般；□不好 原因或建议： 6. 对于网店店招、banner 图，您的评价是：□很好；□好；□一般；□不好 原因或建议：

7. 对于店铺草原风格的装修，您的评价是：□很好；□好；□一般；□不好
原因或建议：

8. 您对店铺模块布局的评价是：□很好；□好；□一般；□不好
原因或建议：

9. 在与客服沟通中，您对客服服务的评价是：□很好；□好；□一般；□不好
原因或建议：

10. 您对这次购物体验的综合评价是：□很好；□好；□一般；□不好
原因或建议：

您的主观看法：

（一）本店铺中，什么因素（价格、品质、文化内涵、服务、营销等）最能影响您的购买决策？为什么？

（二）您期待亲亲草原新出什么产品？

（三）您对我们店铺的其他建议：

感谢您的反馈！请填写您的个人信息，我们将邮寄一份精美的“亲亲草原”礼物给您（公司内部受邀体验员工请直接到电商部领取礼物）

您的姓名：______________
联系电话：______________
邮寄地址：__________________________

2. 确定邀请对象以及赠送的礼品

步骤一：邀请对象分为两种，一是邀请公司其他部门同事体验反馈，每个部门邀请两人参与体验。由部门领导提交参加人员信息，包括姓名、职位和邮箱。二是邀请公司外的年轻妈妈参与体验，由公司员工推荐，外部体验人员数量定在20名，外部体验人员信息由推荐人提供，包括姓名、推荐人和应邀者邮箱。

步骤二：随机赠送“大狮子”“小脑斧”“大灰囊”中的一套产品。收到反馈表后，依据表格中的邮寄地址，寄送礼品给买家，并附上感谢卡。

3. 整理反馈信息，对店铺进行二次优化

体验者反馈的信息并不是都有价值，在整理和筛选后，得出有价值的反馈信息，并组织美工、文案部门对店铺进行二次优化。

（四）职场小贴士——每日事项清单

每日事项清单是全世界使用范围最广、最常用的时间管理工具，顾名思义，就是辅助个体统筹安排一天所要做的事情，制定出每日待办的事项，并以事项的轻重急缓程度罗列。

第一步：确定事项清单的来源

（1）每天上班第一件事，罗列“待完成”事项清单；

（2）月/周目标的分解或计划的安排；

（3）各种临时插单/紧急任务；

（4）各种未完成事项（历史累积）；

（5）生活/家庭/情感等琐事或安排。

第二步：临时插单或预约的处理和提醒

（1）随时记录，避免事项的遗漏；

（2）预约事项安排到对应的日历日期；

（3）临时插单（一般都很重要）根据缓急程度安排；

（4）所有新增事项汇总到“待完成”事项清单。

第三步：分配时间完成待办事项

（1）将已经排序的事项，进行时间分配（即设置 deadline）；

（2）可以统筹安排的事项，尽可能统筹安排。

第四步：效果检视

每天晚上或者每周结束前，总结自己待办事项完成情况，检视自己的时间管理状

况。将已完成的事项删除，将新增的事项加入清单。养成时间管理意识与习惯。

（五）思考题

设计自己店铺的体验反馈表，并邀请 3 名同学进店体验，根据同学的反馈对店铺进行优化。

单元 五

商品管理

一、知识准备

（一）寻找货源

货源很重要，关系到店铺里的商品是否畅销。建议去线下批发市场、实体店铺、工厂或者阿里巴巴的采购批发网站 www.1688.com 寻找合适的货源。

需要注意的是，第一次采购商品要选择可靠的供应商。如果是线下店铺和工厂，要查验资质，最好能亲自实地考察；如果是线上的批发网站，则要查看信用评分和商品评价。可以先采购少量的货物实际体验或试销，充分了解产品和供应商的优缺点后再决定是否继续进货。

（二）制作商品主图和商品详情页

商品主图是影响点击率的关键因素，商品详情页则是影响转化率的重要因素。设计商品主图和商品详情页需要专业的网店美工来完成，假如资金有限无法聘请专业人员，也可以参考同类优质店铺的构图、布局、文案、配色等进行制作，但要注意是参考设计思路，不可全盘照抄。

一般的商品详情页都采用十字布局形式，主要以横向来分隔整个页面，如图 5－1 所示。

（三）编写商品标题

商品标题的好坏直接影响商品的展示位置是否靠前，而标题中关键词的选择至关重要。

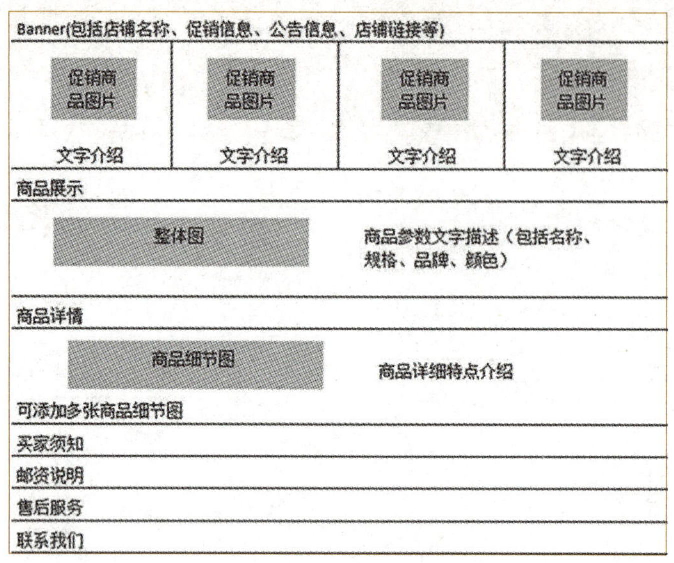

图 5-1 商品详情页布局

编写商品标题时，首先根据产品的名称、属性、特点拟定几个关键词（如白色、雪纺、蕾丝、气质等），然后将其中意思重复的词删掉，留下的就是最能代表这款商品的关键词。注意：关键词要跟产品紧密关联，不重复的关键词可以多列几个，但商品标题不能超过 30 个汉字。

（四）商品定价

价格是影响商品点击量及转化率的重要因素。给商品定价是网店经营一项很重要的工作。商品定价有多种方法和技巧，常用的商品定价方法有成本导向定价法、竞争导向定价法、需求导向定价法；常用的技巧有同价销售法、分割法、弧形数字法等。

成本导向定价法是商品定价的最基础也是最重要的方法，所谓成本导向定价法是指商品的价格等于成本加上利润之和，而成本又包含直接成本和间接成本。直接成本是指商品的进货价或商品的生产成本，间接成本是指人工工资、经营场所的租金、水电费、通信费、税费等与经营有关的费用。利润等于销售收入乘以利润率，利润率由卖家自主确定。

竞争导向定价法是指参考同类商品的卖家的定价来确定价格。

需求导向定价法是指根据顾客的承受能力确定价格。

同价销售法是指店铺里的所有商品都一个价格，例如 2 元店、10 元店、50 元店、

100 元店……采用同价销售法的好处在于统一价位吸引顾客，避免讨价还价。

分割法是指将价格高的商品分割成小份量进行出售，例如：茶叶每千克 400 元报成每 50 克 20 元，大米每吨 6000 元报成每千克 6 元……价格分割是一种心理策略，能造成买方心理上的价格便宜感。

弧形数字法是指 0～9 这十个数字在商品价格中出现的频率由高到低的排列是 5、8、0、3、6、9、2、4、7、1，在定价时通常采用出现频率高的数字，例如：5 元、15 元、18 元、50 元、180 元、36 元……

通常给商品定价不是只用一种方法，而是利用多种方法进行综合考虑。在商品定价中，成本导向定价法是所有定价方法和策略的基础，只有在利润有保障的前提下，才能采用竞争导向定价法、需求导向定价法、同价销售法、分割法和弧形数字法。

此外，在淘宝网店的定价中，还可以根据淘宝页面显示客户的心理价位来定价，例如：113～290 元是大部分购买连衣裙的客户中意的价位，如图 5－2 所示，那么可以将连衣裙商品价格定位在 113～290 元，然后根据产品的实际价值和店铺经营成本，即采用成本导向定价法计算得出价格后进行适当调节。

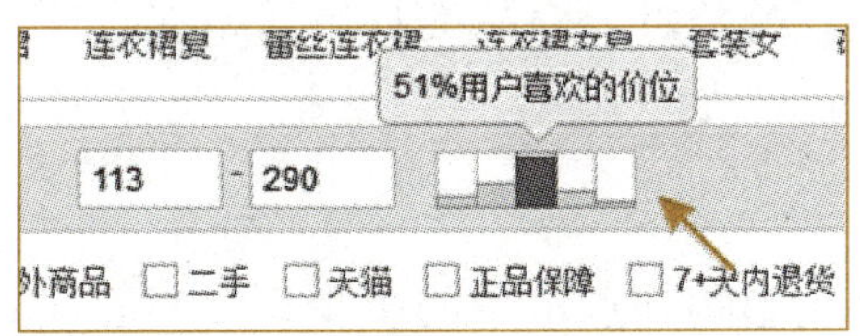

图 5－2 客户中意的价位图例

（五）商品上下架

在淘宝网发布商品信息时可选择 7 天或 14 天的商品信息有效期，若发布某商品时选择该商品的有效期为 7 天，那么 7 天后该商品会自动下架，不会再出现在淘宝网上，直到卖家重新上架该商品，消费者才能在淘宝网上搜索到该商品。因此卖家常常在目标消费人群最有可能浏览商品的时间上架商品，以使商品更有可能被目标人群看到，提高点击量。

在淘宝网上商品一旦下架消费者将搜索不到该商品，因此，若卖家不打算继续出售某商品，可通过下架该商品停止其销售。

（六）优化商品信息

商品优化是指通过对商品的标题、图片、描述等各方面进行优化设置，促进店铺商品关键词排名靠前、商品曝光率和点击率增加，从而提高店铺流量和进店顾客的购物体验，进一步促进商品转化率。卖家在运营店铺的过程中常常会遇到商品销量不佳的情况，此时就应该优化商品信息。

1. 优化标题、关键词

当商品销量不佳、好评较少时，大而全的词汇就不适合作为关键词了，因为这说明有一大批使用了同样关键词的厉害竞品，自家商品此时是难以获得好排序的。因此可以采用一些相关但小众的关键词，提高产品曝光率，获得流量和转化，待销量不错后再逐步替换成热门搜索关键词，与其他同类商品竞争。

商品标题优化注意事项：

（1）能够利用有限的字数尽可能完整地描述商品的特性和活动信息。

（2）避免关键词重复。

（3）注意标题的逻辑性，而不是简单的关键词堆砌。

（4）可以适当增加空格和间隔，帮助买家理解标题所要呈现的商品信息。

2. 优化类目

类目也是非常需要注意的信息，商品类目填写错误会严重影响商品曝光，甚至违规而受到惩罚。

3. 优化主图

主图的美观与否会直接影响到点击量的多少。平时要注意观察和分析数据，将设计元素最齐全、最受欢迎的款式的主图放在第一张。

4. 优化价格

价格是影响买家做出购买决定的重要因素之一。平时要注意检查同类商品是否有降价优惠等促销活动，结合自己店铺的成本和利润，分析是否可以调整商品价格来促成交易。

5. 优化商品详情页

商品详情页的优劣决定了商品的转化率，如果店铺流量和点击率较高而转化率偏低，那么就要考虑优化商品详情页。优化可以从以下几个方面进行：

（1）按照店铺风格重新设计商品详情页的布局。

（2）调整素材图片，注意细节和卖点的展示。

（3）在平面效果图上增加动态效果，如在 banner 图片上增加一些闪光效果，或者是图片切换效果，使模板看上去富有动感。

（4）查缺补漏，添加具体内容，如商品名称、文案、参数、商品展示、买家须知、邮资说明、售后服务等信息是否齐全。

二、实训任务

（一）任务说明

1. 任务描述

在 C2C 实训平台完成商品分类设置、发布商品、管理销售中的商品、管理仓库中的商品、商品信息优化等商品发布与管理任务。

2. 任务内容

（1）设置商品分类。

（2）发布单个商品。

（3）批量发布商品。

（4）下架出售中的商品。

（5）上架仓库中的商品。

（6）优化商品信息。

3. 任务目的

（1）掌握设置商品分类的操作流程和方法。

（2）掌握单个发布和批量发布商品信息的操作流程和方法。

（3）掌握下架出售中的商品的操作流程和方法。

（4）掌握上架仓库中的商品的操作流程和方法。

（5）掌握优化商品信息的操作流程和方法。

（二）流程说明

完成本任务所需的步骤和顺序，如图 5－3 所示。

（三）操作说明

1. 设置商品分类

步骤一：登录 C2C 实训平台，进入“卖家中心”，将鼠标移到左侧栏“店铺管理”下单击“分类管理”，进入新增分类页面，如图 5－4 所示。

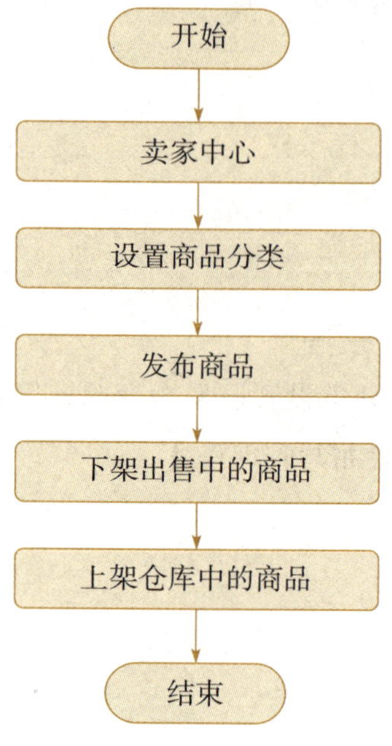

图 5-3　商品管理任务流程

图 5-4　分类管理页面

步骤二：单击图 5-4 右上角的“新增分类”按钮，在新增分类窗口填写商品分类名称，选择显示或不显示商品分类，根据需要选择是否上传商品分类图片（上传图片尺寸为 160 像素×100 像素），单击“提交”，添加一级商品分类操作完毕，如图 5-5 所示。

步骤三：在一级商品分类下单击“新增下级”，在“新增分类”窗口中重复步骤二的操作，完成添加二级商品分类操作，如图 5-6 所示。

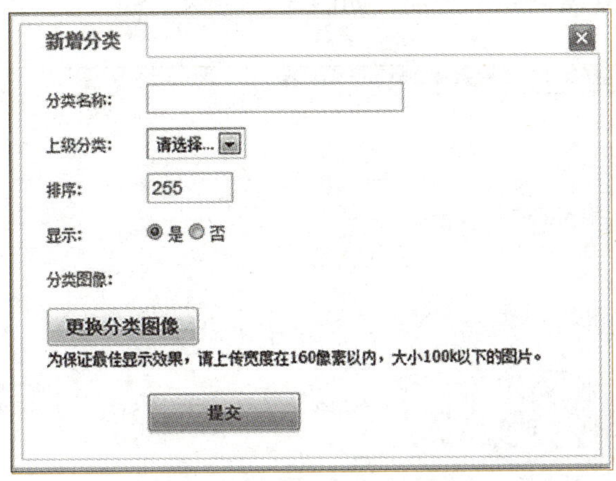

图 5－5　新增一级商品分类

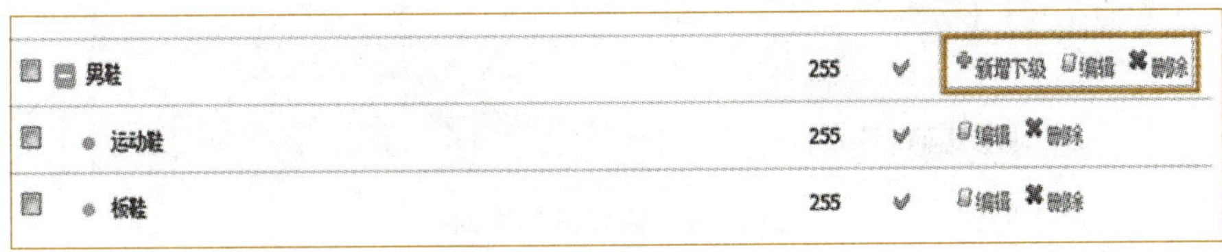

图 5－6　新增下级分类

2. 发布单个商品

步骤一：登录 C2C 实训平台，进入“卖家中心”，选择左侧栏“商品管理”下的“发布商品”，如图 5－7 所示。

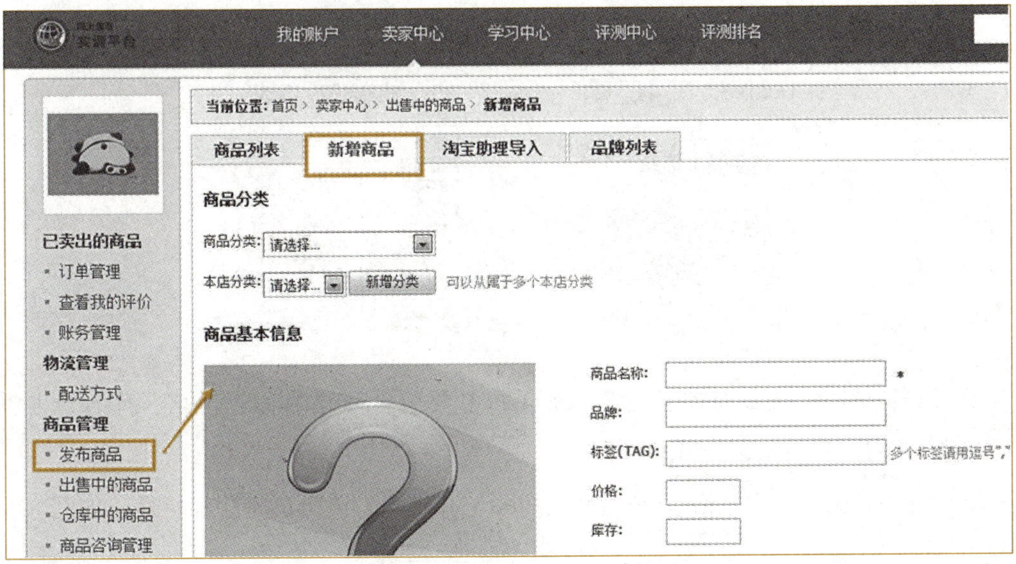

图 5－7　发布宝贝页面

步骤二：选择“新增商品”选项，如图 5－8 所示。

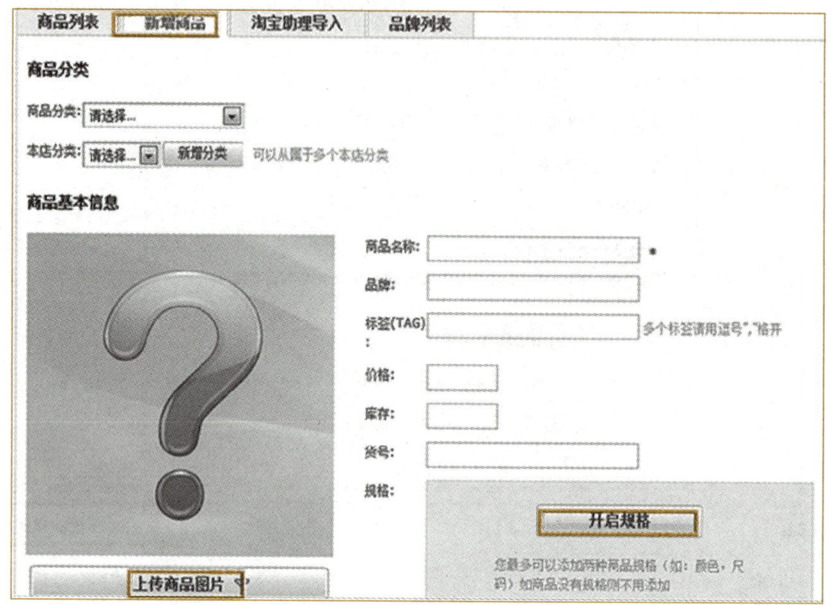

图 5－8　新增商品页面

步骤三：选择商品分类。单击“商品分类”项右侧朝下按钮，在弹出的分类中选择所发布商品的大类，并在“本店分类”中选择商品在本店中的分类，或单击“新增分类”按钮，添加本店分类，如图 5－9 所示。

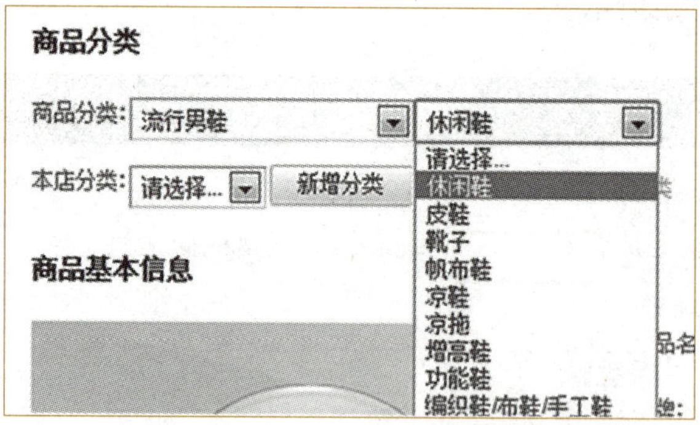

图 5－9　商品分类选择

步骤四：填写“商品基本信息”，该页面主要包含商品名称、价格、库存、货号、规格和商品图片等，如图 5－10 所示。

步骤五：单击“开启规格”，填写商品的颜色、尺码、价格、库存和货号，如图 5－11 所示。

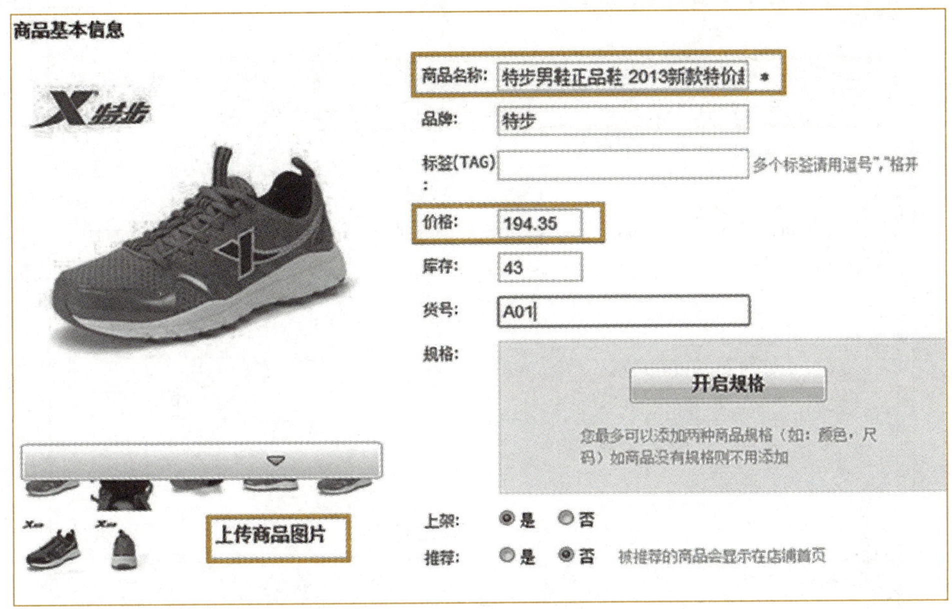

图 5-10　填写商品基本信息

编辑商品规格

您最多可以添加两种规格（如：颜色和尺码）规格名称可以自定义
如只有一项规格另一项留空

颜色	尺码	价格	库存	货号	操作
蓝色	39	109.00	50	A01	
红色	39	109.00	50	A01	

添加新的规格属性

保存规格

图 5-11　编辑商品规格

步骤六：商品基本信息填写完后，接下来要完善商品描述。在这个窗口可以编辑文字，也可以插入图片。如果需要插入图片，则单击左下角“上传图片”按钮，如图 5-12 所示，然后在弹出窗口中选择要插入的图片，如图 5-13 所示；接着单击图片下方的“箭头”按钮，如图 5-14 所示，图片就插入到商品描述框里了，如图 5-15 所示。

步骤七：信息填写完成后，单击“提交”按钮，商品发布完成。

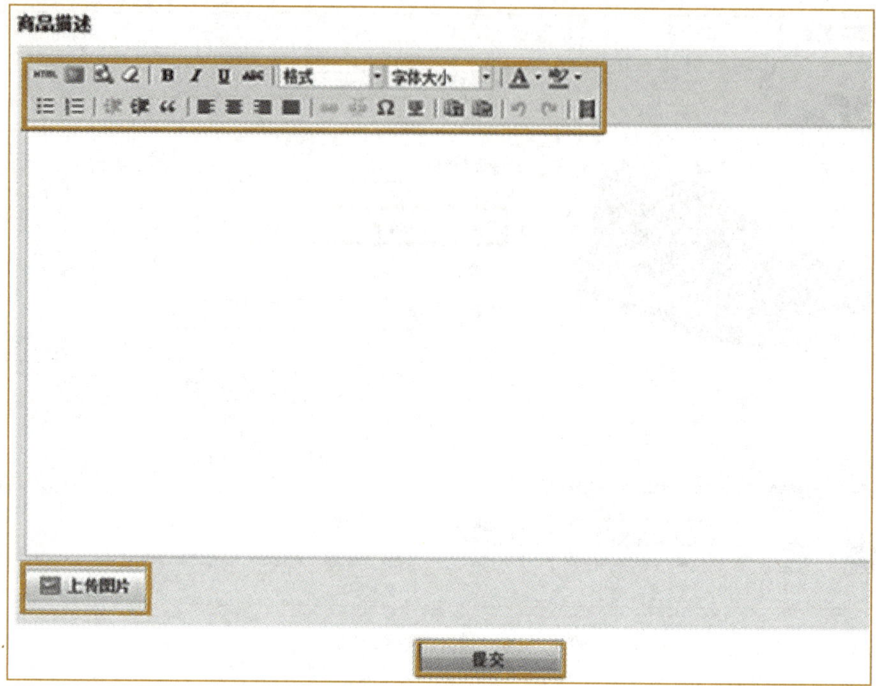

图 5-12　商品描述

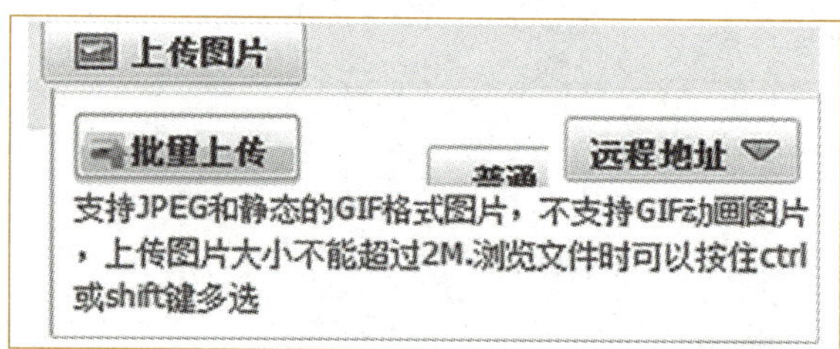

图 5-13　上传图片

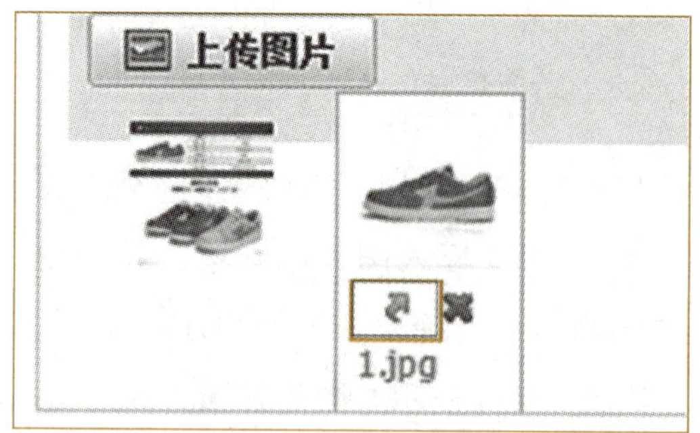

图 5-14　选择图片

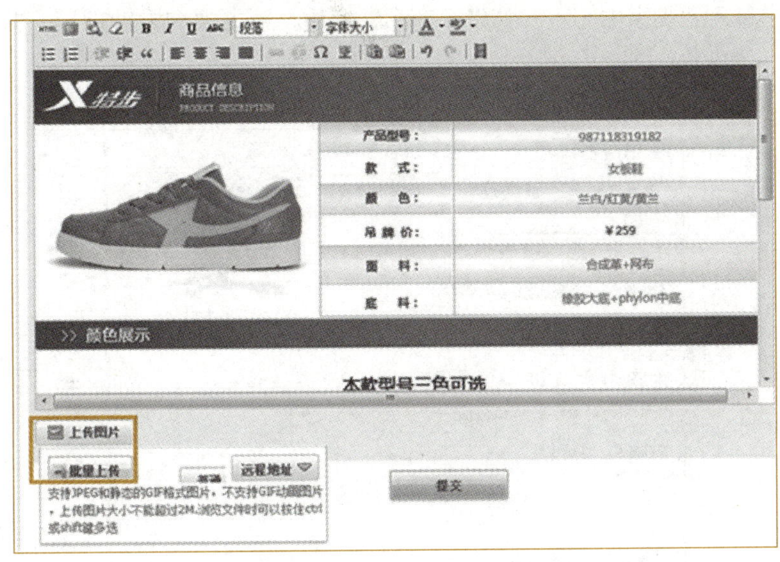

图 5－15　商品描述效果图

3. 批量发布商品

若货源厂家提供产品数据包给卖家，卖家可以利用“淘宝助理导入”功能批量发布商品，操作方法和步骤如下。

步骤一：进入厂家货源资料下载中心，下载需要的数据包。

步骤二：数据包下载至本地电脑后进行解压。解压后的数据包有一个图片文件和一个 Excel 文件，打开 Excel 文件，并将其另存为“CSV”的格式，如图 5－16 所示。

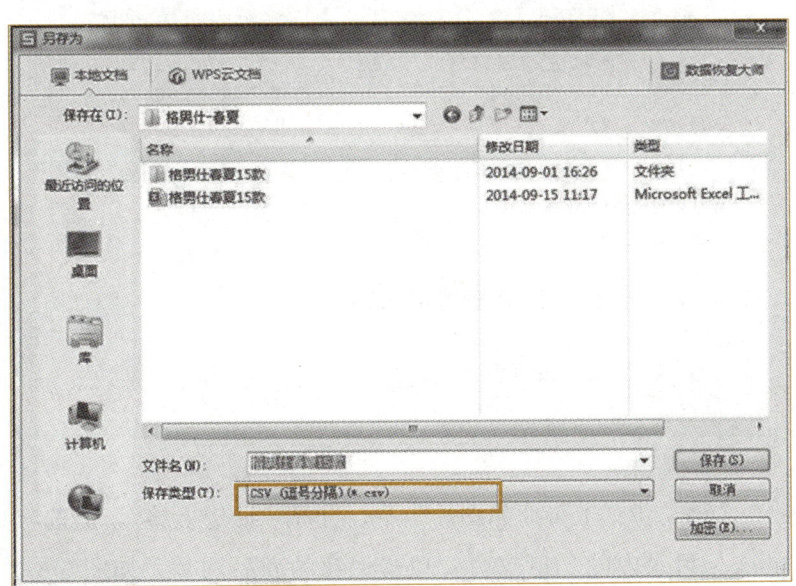

图 5－16　Excel 文件另存为“CSV”格式

步骤三：进入“卖家中心”—“发布商品”模块，单击“淘宝助理导入”，如图 5－17 所示。

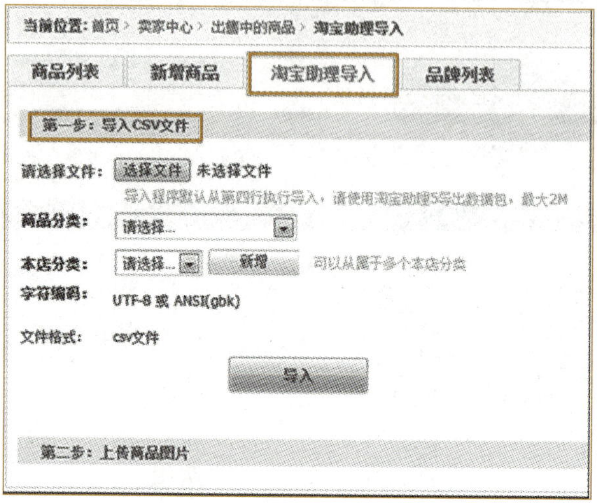

图 5－17　淘宝助理导入

步骤四：进入商品发布页面，在“第一步：导入 CSV 文件”下，单击“选择文件”按钮，选取数据包中的 csv 文件，选择与之对应的“商品分类”及“本店分类”后，单击“导入”，如图 5－18 所示。

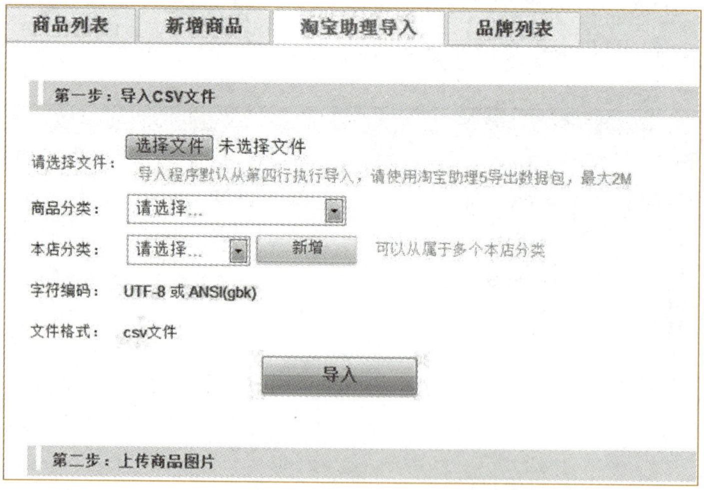

图 5－18　完成 CSV 文件导入的画面

步骤五：在“第二步：上传商品图片”中，选择“批量上传”，全选与数据包 . csv 文件同级的 images 目录内的 . tbi 文件，单击保存的商品图片，如图 5－19、图 5－20 所示。

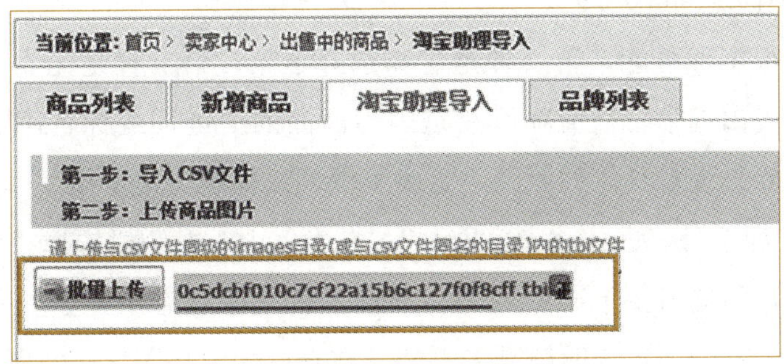

图 5－19　上传商品图片

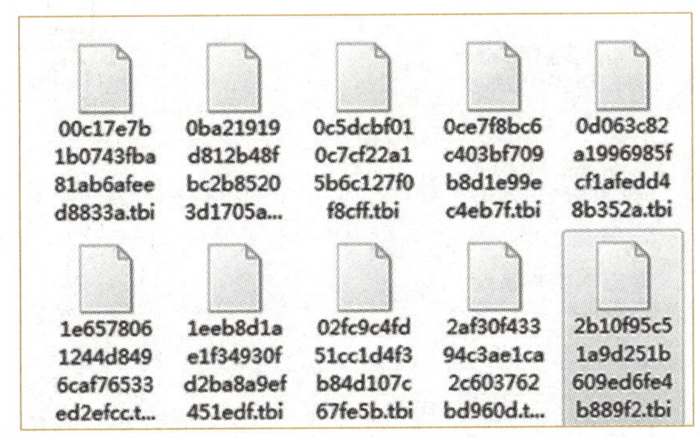

图 5－20　商品数据包

4. 下架出售中的商品

登录 C2C 实训平台，进入“卖家中心”，在卖家中心左侧栏“商品管理”下的“出售中的商品”中，查看所有正在销售的商品，单击去掉某个销售中的商品的上架状态的“√”，商品下架操作完毕，如图 5－21 所示。

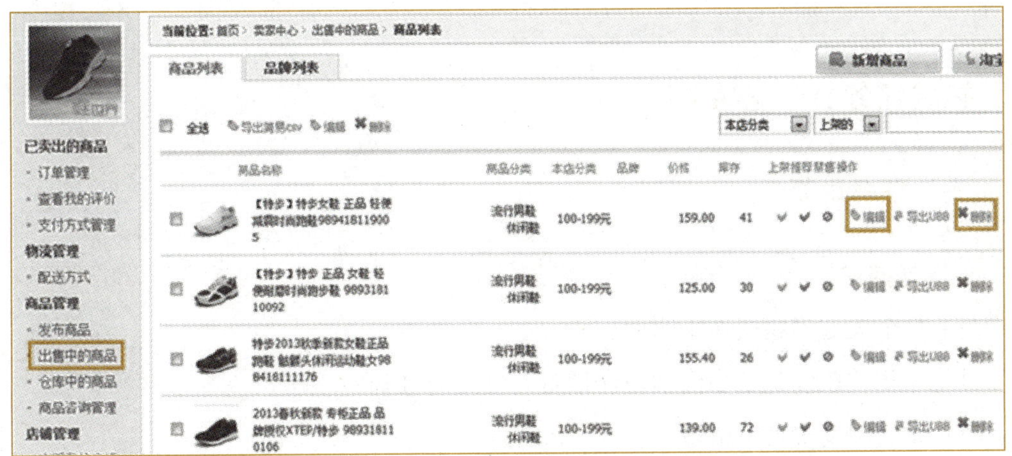

图 5－21　下架商品

5. 上架仓库中的商品

产品下架有很多种可能，第一种是卖家选择下架，第二种是无库存下架，第三种是淘宝排查下架。出现第三种情况可能是因为商品的关键词或标题用了一些侵权词或敏感词，此时需要先查看具体的原因，更改关键词或标题，再上架。

登录 C2C 实训平台，进入“卖家中心”，在卖家中心左侧栏选择“商品管理”下的“仓库中的商品”，勾选需要上架的商品。在商品的上架状态中“√”是点亮状态代表商品已上架出售中，否则，说明商品未上架还在仓库中，如图 5－22 所示。

图 5－22　上架仓库中的商品

6. 优化商品信息

登录 C2C 实训平台，进入“卖家中心”，在卖家中心左侧栏“商品管理”下，单击商品信息的“编辑”按钮，对标题少于 30 个汉字、主图少于 5 张、详情页图片少于 10 张的商品进行信息完善。

三、拓展任务——竞品分析

（一）任务说明

1. 任务描述

当下几个关键问题摆在小明面前：

（1）动物花色瓷碗要如何制作详情页？文案要如何写？

（2）如何制定宝贝价格策略？

（3）客服的服务如何达到要求？

（4）如何设计商品包装？

以上问题可通过竞品分析解决，而最便捷的方法就是直接购买竞争对手的商品。在购买竞争商品的过程中，了解这一类目市场的文案风格、价格、商品包装等信息。

2. 任务内容

（1）掌握竞争商品分析的概念，了解竞品分析对店铺运营的作用。

（2）收集竞争商品数据。

（3）利用 WPS 或 Excel 表格，制作一份竞品数据跟踪表。

3. 任务目的

（1）通过制作竞品数据跟踪表，了解竞品分析的重要性。

（2）掌握制作竞品数据跟踪表的流程和方法。

（3）培养竞争意识，重视对竞争商品的分析。

（二）知识准备

1. 竞品分析的概念

竞品指的是竞争商品，即竞争对手的商品。顾名思义，竞品分析就是对竞争对手的商品进行比较分析。竞品分析的内容可以由客观和主观两方面构成，客观即从竞争对手或市场相关商品中，圈定一些需要考察的角度，了解真实的情况，此时，不需要加入任何个人的判断，应该用事实说话；主观是一种接近于用户流程模拟的结论，比如可以根据事实（或者个人情感），列出竞品或者自己商品的优势与不足。竞品分析实际上就是用户流程分析。

2. 从三个角度分析网店竞品

从竞品分析概念中，得知分析的内容分为客观内容和主观内容。客观的内容可以从竞品数据获得，而主观部分，网店经营者可以将自己当做买家去竞争对手店铺购买竞品，实际体验一次商品购买流程。竞品分析可以从三个方面进行：

（1）收集与分析竞争商品的数据信息，包含竞品的销量、价格、推广方式等。

（2）作为买家亲自购买竞品，重点体验该商品的标题、详情页图片、文案等商品展示环节；通过咨询客服，体验客服服务质量；统计实际物流速度；等等。

（3）收到商品后，对商品进行评价，包含物流包裹的评价、商品包装的评价和宝贝品质的评价。

（三）工作流程

亲亲草原系列产品要如何与类似商品竞争？它需要向竞争商品学习哪些东西？又如何与之差异化竞争？为此小明开展了竞品分析，工作流程如下：

（1）收集与分析竞品数据；

（2）记录实际购买体验；

（3）记录商品上手体验。

1. 收集与分析竞品数据

制作竞品数据跟踪表，如图 5－23 所示。

"动物卡通亲子碗"竞品数据跟踪

制表日期：XXXX年XX月XX日　制表人：小明

日期	竞品	商品图片	上线月份	近一月销量	活动情况	是否推广	单价	调价频次	list搜索名次	累计销量	日均销量
XXXX/XX/XX	萌萌喵 https://item.xxxx.com/item.htm?spm=2013.1.w4004-14946842748.21.66e96cd6sEZuLm&id=538715793965		XXXX年XX月	240	全店五折	直通车	38	1	6		8

图 5－23　竞品数据跟踪表

2. 记录实际购买体验

步骤一：申请购买经费，电商部采购竞争对手商品用于分析，属于公司业务需求，所以需申请采购经费。按照一般经费申请流程即可。

步骤二：打开竞品页面，分析其图片展示、商品描述，以复制或截图的方式获取相关信息，如图 5－24 所示。

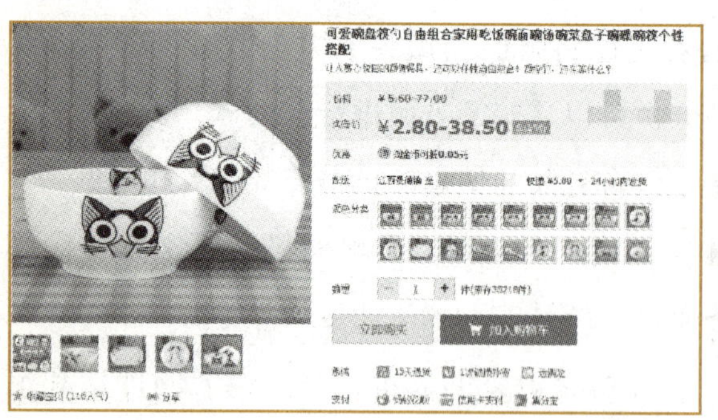

图 5－24　商品展示信息

步骤三：准备几个问题，咨询客服，如图 5－25 所示。记录客服的反应时间、回复内容等。以下问题供参考：

（1）你好，请问是否可以提供发票？

（2）请问一套有几个碗呢？

（3）快递到上海，几天能到？

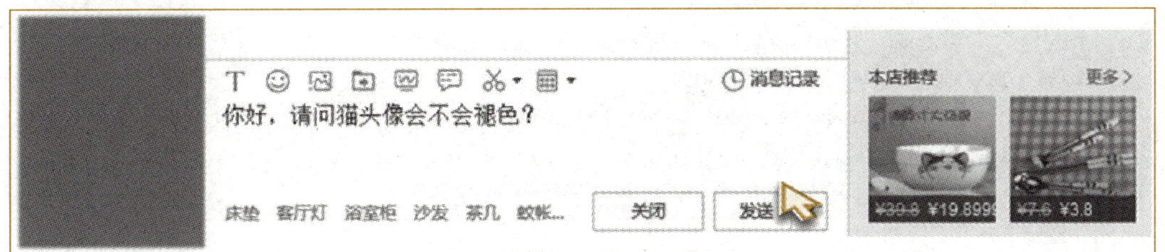

图 5－25 咨询客服

步骤四：付款购买商品，如图 5－26 所示。

图 5－26 提交订单

步骤五：跟踪物流。采用复制或截图的方式获取物流信息，记录快递名称、物流时间。对物流进行评价，主要评价该店铺选择该物流公司的利弊、买家对物流服务是否满意等，如图 5－27 所示。

图 5－27　跟踪物流

3. 记录商品上手体验

步骤一：记录快递包裹信息，包括快递包裹材质、填充物等信息。对快递包裹进行评价，主要评价包裹材质是否结实、填充物是否能有效防碎等。

步骤二：记录商品包装信息，包括包装盒内部结构、主商品、好评返现卡、产品说明书等信息。评价其包装、产品说明书和好评返现卡设计是否合理等。

步骤三：整理以上信息，分析竞品的优缺点，总结得出关键性结论。总结结论示例如下：

（1）该竞品最大优势在于价格低，其自由组合方式也是一大亮点。

（2）商品没有很大的缺陷，但是有许多细节可以改进，如猫的形态可以更多；商品包装可以附带一张“猫”故事卡片，当做礼物送给儿童，这样的“意外之喜”更容易拉近双方的距离。

（3）客服反应比较迟缓，回复的语言不够生动亲切。

竞品的劣势就是“亲亲草原”系列产品的发展机会，由于产品价格的限制，竞品在产品品质、包装上都有缺陷，其潜在客户是经济水平一般的买家，所以避免与相似产品低价竞争，做到品牌溢价，则是往后小明的工作重点。

（四）职场小贴士——目标管理“SMART”原则

目标制定得合理才能驱使人去实现，而宏大不切实际的目标容易使人迷茫，不知所措。所以学会合理制定目标，是职场人士必备的技能之一。

在目标管理中，有一项原则叫做“SMART”，由“specific、measurable、attainable、

relevant、time-based”五个词的首字母组成。

S（specific）：明确性。明确性是指要用具体的语言清楚地说明要达成的行为标准。明确的目标几乎是所有成功团队的一致特点。很多团队不成功的原因之一就是目标模棱两可，或没有将目标有效地传达给相关成员。

M（measurable）：衡量性。衡量性是指目标应该是明确的，而不是模糊的。应该有一组明确的数据，作为衡量是否达成目标的依据。如制定锻炼目标“一天跑步5千米”。

A（attainable）：可实现性。可实现性是指目标要能够被执行人所接受并实现。

R（relevant）：相关性。目标的相关性是指实现此目标与其他目标的关联情况。如果实现了这个目标，但与其他的目标完全不相关，或者相关度很低，那么这个目标即使达到了，意义也不大。

T（time-based）：时限性。目标时限性就是指目标是有时间限制的。例如，我将在明天12点前去书店买一本电商数据分析图书。“明天12点前”就是一个确定的时间限制。

（五）思考题

请依据实训任务中你所发布的宝贝，做一次竞品分析。

单元 六

物流管理

一、知识准备

在我国《物流术语》的国家标准中，物流被定义为“物品从供应地向接收地的实体流动过程，根据实际需要，将运输、存储、装卸、搬运、包装、流通加工、配送、信息处理等基本功能实施有机结合”。

在电子商务活动中，物流环节负责将实物商品从卖家交付到买家手中。随着电子商务的蓬勃发展，物流系统也在不断更新升级，现代化的高效物流体系已经成为电子商务活动中不可或缺的重要组成部分。

在网店日常经营中，除了商品质量和运营策略，物流也是影响网店业绩的重要一环。无论商品有多么好、运营有多么成功，最终都要通过物流把商品送到消费者手中。这个环节一旦出现问题，例如货物错发、漏发、破损、延迟等，买家就会要求换货、退货，而卖家将损失利润甚至赔钱。因此，卖家必须熟悉和掌握网店物流的主要工作内容和流程。

网店物流主要包括存储、包装和配送三个部分。

（一）商品的存储

除了代销商品和虚拟商品，一般网店都需要仓库来储存商品，简称“仓储”。网店经营者应根据所销售商品的类型、网店规模和物流配送成本来配置合适的仓储系统。

例如，日用品对仓库的环境条件要求不高，而食品尤其是生鲜食品就对仓库的温度、湿度、密封程度等有严格要求。还有的网店商品种类很多，但每种商品的进货量小，这就需要优化仓库作业流程以提高分拣效率。

小型的网店往往只需要在卖家所在地开辟一间面积不大、能放几排货架的小型仓库就能够应付每日的订单了；而中、大型电商企业不仅需要专门的仓储中心，甚至可能需要在全国各地设置多个仓储中心，以节约物流配送成本。比如一家位于杭州的电商公司，其目标消费人群多数位于华南、西南，那么，这家公司可以在广州建立一个仓库，网店接到华南顾客的订单后直接从广州仓库发货，这样就能大大节省物流配送费用和时间。

无论仓库的规模或大或小，数量或多或少，网店都应对仓库进行有效管理，优化作业流程，提升运营效率，提高发货速度，从而降低人工、商品维护等仓储物流成本。

（二）商品的包装

由于物流运输环节多、时间长、存在较多不可控风险，为了减少商品在此过程中的损耗，降低退货率，坚固、完好、轻便的商品包装非常重要。以下几点包装细节应重视：

（1）要根据商品类型来选择包装材料。不易损坏的商品可以用厚实的塑料包装袋包裹好，零散、易碎、需要防震的商品就要选择结实的纸箱甚至打木架固定加以保护。

（2）商品和外包装材料之间要紧密填满缓冲材料，包装好后的物品晃动时不能有声音。气泡纸、泡沫塑料、充气袋都是很好的防震缓冲材料，液体商品还要注意包裹好防渗漏的材料。封口时，最好多缠几圈胶带，尤其是纸箱的四个角和上下两面的开口处。

（3）控制包装成本，既不能为了省钱而用很差的材料导致商品损耗高、退货多，又不能包装过度从而使快递运费成本过高，导致商品利润下降。因此最好选择固定的包装材料供应商，采取批量采购、长期订货的合作方式，这样一般能拿到较优惠的采购价格。

（三）网店物流的配送方式

1. 快递

通过快递公司运送商品是绝大多数网店采用的物流配送方式。快递公司提供上门取货、送货上门等收发货服务，并按包裹重量、距离、时效的不同收取物流服务费，网店和顾客还能在快递公司的网站或小程序上查询到包裹的运送路线和时间信息，极大地方便了卖家和买家完成网络交易，因此深受广大店家和客户的喜爱。

目前国内有大大小小上百家快递公司，图6-1是国内部分快递公司的名称和LOGO，国有、民营、合资的都有，物流配送服务能够覆盖到全国各地和全球大部分国家和地区。

图 6-1 国内部分快递公司的名称和 LOGO

2. 平邮

平邮是中国邮政（简称邮局，国有企业）提供的最为经济廉价的邮寄包裹方式，目的是让所有国人，哪怕位于最偏僻的村寨也能收到包裹。平邮的收费最便宜，但运输时效也是物流运输方式中用时最长的，并且不提供上门收货服务，需要寄件人自行前往邮局办理寄件手续。出于运营效率的考虑，且现在很多快递公司在乡村设立了快递自提点，大多数网店卖家并不提供平邮服务。

3. 物流

此处的“物流”并非上文开头所述的物流概念，而是特指专门运输商品体积较大或数量较多的物流公司，相对于运输小型包裹的“快递”而言，简称为“物流”，销售家具、建材的网店通常选择物流公司来运输商品。

物流收费相比快递的单位成本要便宜很多，但往往不提供送货上门服务，需要买家到物流公司自提或者额外付费请物流公司送货上门，图 6-2 是国内部分物流公司的名称和 LOGO。

图 6-2 国内部分物流公司的名称和 LOGO

物流配送要注意以下几点：

(1) 包装要结实耐压，外包装上视情况做必要的警示，如小心轻放、请勿重压、请勿倒置等。为了让买家或物流配送人员更容易找到物品，在外包装的各个面最好都写上收件人的信息。

(2) 提前告知买家：验货时，如外包装有破损，应当场开箱验货，如果货物有损坏、短少，请工作人员详细记录情况，并将详细情况告知发货人，由发货人向当地的货运公司提出索赔；如外包装完好，内部有损坏、短少，则应及时联系卖家，协商解决。

（3）物流配送需要买家自己去货运站提取货物，买家很可能出于各种原因产生不满情绪，所以卖家应提前告知买家可能发生的情况及应对措施，及时排除买家给中差评的隐患。

（四）网店物流的配送成本

网店物流的配送成本是网店运营成本中较为重要的一项，如果能够合理控制，就可以提高商品的利润率，获得更好的收益。比如个人寄快递包裹一单的首重价格 10 元左右，而有的网店只需付出 8 元、5 元甚至 3 元的低价就可以寄出一单商品。原因在于这些网店与当地的快递公司的营业网点建立了长期稳定的合作关系，比如网店主承诺每天的快递包裹达到一定数量，该网店就能够获得与之对应较低的快递运费。

除了运费，快递面单的填写也是一项“隐性成本”。有的店铺采用人工手写的方式，不仅要花费人力成本，而且速度慢、出错率高；有的店铺会购置专门的面单打印系统，店铺后台接到订单后自动连接打印系统打印出库单和快递面单，效率极高，即便花费相对人工作业会大些，也是值得的；还有的店铺会选择网店所在平台提供的“一条龙服务”，将店铺后台与快递公司系统对接，直接打印下单并发货，如图 6－3 所示。

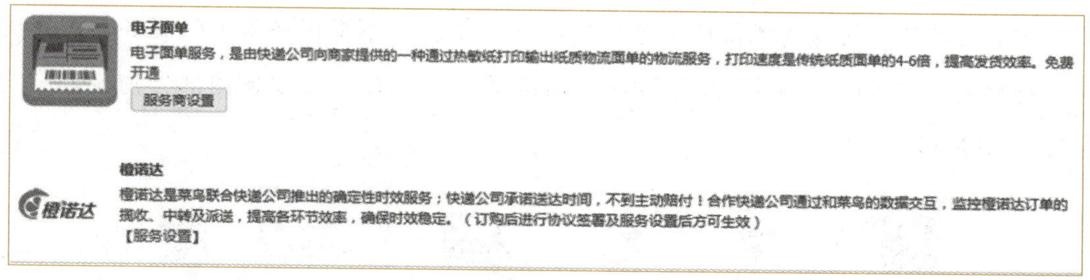

图 6－3　淘宝后台提供的电子面单打印及快递合作服务

要想控制好配送成本，就需要根据店铺规模和实力的大小，选择合理价位的快递合作方式，以实现效益最大化。

二、实训任务

（一）任务说明

1. 任务描述

在 C2C 实训平台完成物流信息的配置任务。

2. 任务内容

(1) 添加配送方式。

(2) 添加至少两种配送方式。

3. 任务目的

(1) 向物流公司了解目前配送方式及相应的收费标准。

(2) 掌握后台添加配送方式的流程和方法。

(二) 流程说明

完成本任务所需的步骤和顺序，如图 6-4 所示。

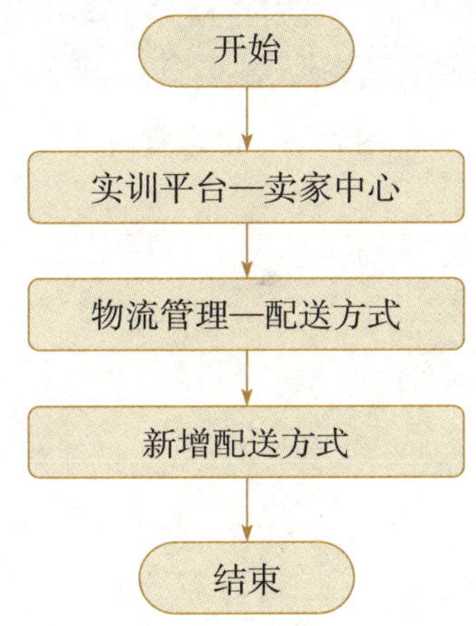

图 6-4 物流信息配置任务流程

(三) 操作说明

1. 查询物流公司收寄标准和运费时效

步骤一：登录顺丰官网（或其他物流公司），单击“运费时效查询”，如图 6-5 所示。

步骤二：依次填写“原寄地”“目的地”“重量”等信息，查询收费标准，如图 6-6 所示。

2. 添加配送方式

步骤一：登录 C2C 实训平台，进入“卖家中心”，在左侧列表“物流管理”下，单击“配送方式”，如图 6-7 所示。

步骤二：在配送方式列表下，单击右侧页面“新增配送方式”，如图 6-8 所示。

图 6－5　顺丰官网

图 6－6　填写物流信息

步骤三：将上面查询到的物流公司收费信息填写到货到付款栏目对应的输入框中，单击“提交”后在配送方式列表中可以看到新增的物流配送方式，如图 6－9、图 6－10 所示。

图 6-7　卖家中心—物流管理—配送方式

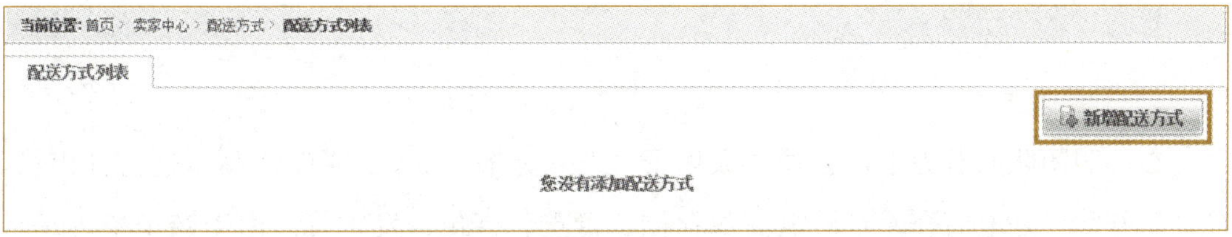

当前位置：首页 > 卖家中心 > 配送方式 > 配送方式列表

配送方式列表

新增配送方式

您没有添加配送方式

图 6-8　新增配送方式

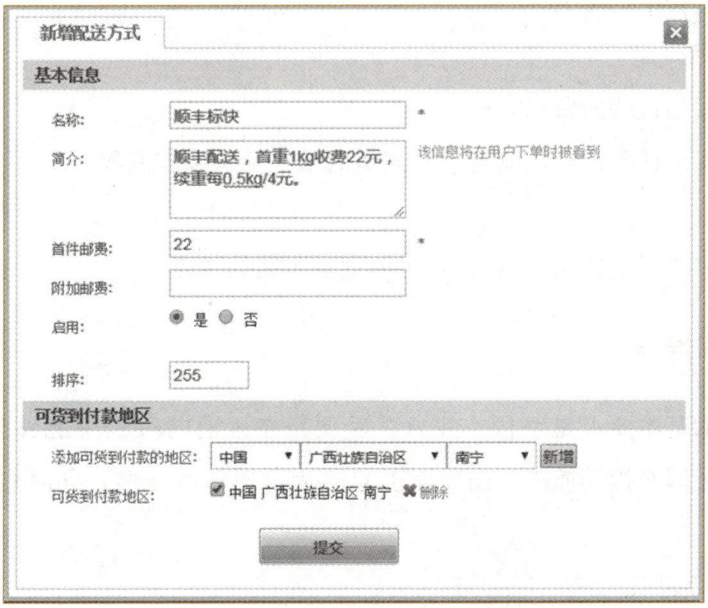

新增配送方式

基本信息

名称：顺丰标快 *

简介：顺丰配送，首重1kg收费22元，续重每0.5kg/4元。　该信息将在用户下单时被看到

首件邮费：22 *

附加邮费：

启用：是　否

排序：255

可货到付款地区

添加可货到付款的地区：中国　广西壮族自治区　南宁　新增

可货到付款地区：中国 广西壮族自治区 南宁　删除

提交

图 6-9　填写物流收费信息并设置可货到付款地区

当前位置：首页 > 卖家中心 > 配送方式 > 配送方式列表

配送方式列表

新增配送方式

名称	简介	首件邮费	附加邮费	启用	操作
顺丰标快	顺丰配送，首重1kg收费22元，续重每0.5kg/4元。	22.00	0.00	是	编辑 删除

图 6－10　配送方式列表

三、拓展任务

任务一　规范商品包装

（一）任务说明

1. 任务描述

在小明团队的努力下，公司“大狮子”“小脑斧”“大灰囊”产品迅速打开市场，公司新开辟一处电商仓库专供电商部存储、盘点、打包、发货等。由于亲子瓷碗是易碎物品，极易在运输过程中遭到损坏，为此电商部需制定一套完善的商品包装流程以减少商品运输过程中的损失。

2. 任务内容

（1）了解商品包装的要点。

（2）根据实训任务描述，制定一套规范的亲子瓷碗包装流程。

3. 任务目的

通过制定“亲子瓷碗包装流程”，了解商品包装的要点。

（二）知识准备

商品包装的基本要求是坚固、完好、轻便，在运输的过程中能够防止包装破裂、内件漏出，防止因摩擦、撞击、温度而引起的货物损坏或变质，同时也要考虑商家的成本。

1. 选择包装材料

（1）纸箱。只要尺寸合适，纸箱几乎可以作为所有商品的外包装，纸箱购买成本是包装材料里较高的，但其防护作用较好，如图 6－11 所示。

图 6 - 11　纸箱

（2）一次性塑料快递袋。有些商品可以使用快递公司提供的一次性塑料快递袋来包装，例如：不怕挤压的服装、床上用品、毛绒玩具、暖宝宝、靠垫等，如图 6 - 12 所示。

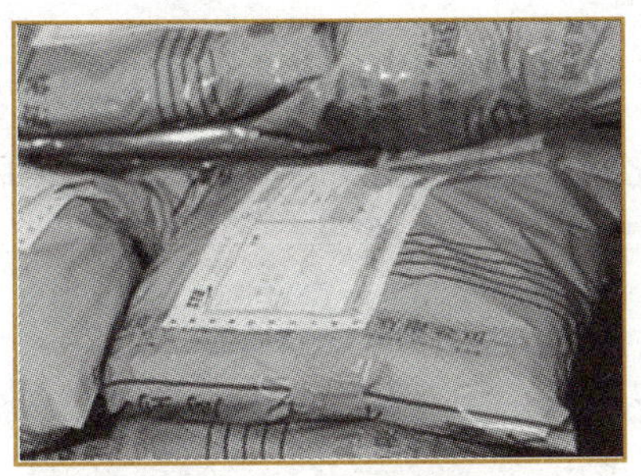

图 6 - 12　一次性塑料快递袋

（3）木箱。一些重量不轻，而且对防震要求又很高的商品，最好采用木板条装订的箱子来包装，例如：针式打印机、电视机、跑步机等，如图 6 - 13 所示。

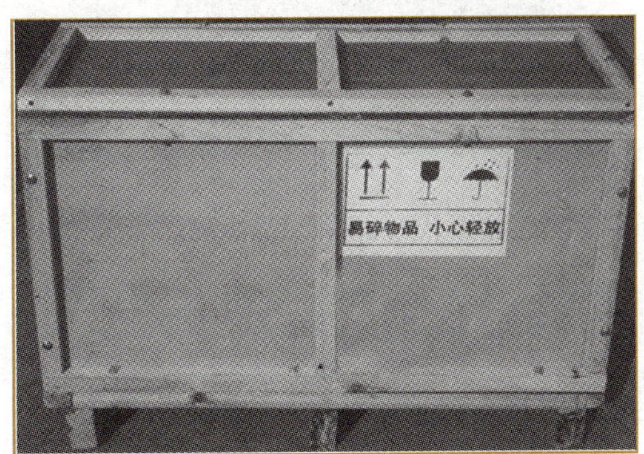

图 6 - 13　木箱

（4）PVC管。一些特殊的商品需要采用特殊的包装，例如：在网上销售油画、水粉画一类的书画作品一般都很少会装裱后再寄出，因为装裱的玻璃画框在运输途中容易被损坏，所以，最好采用建材店里出售的PVC管材来包装此类商品，因为管材的圆筒外形和PVC的硬度可以保证画卷不会被折压，如图6-14所示。

图6-14　PVC管

2. 隔离防震

将商品放入纸箱后，在商品和纸箱内壁的四周应该预留3厘米缓冲空间，并用填充物塞满商品和纸箱之间的空隙，使纸箱的任何一个角度都能经得起外力的冲击，以达到隔离和防震的目的。

（1）纸箱的尺寸应该比货物的外形尺寸略大，如图6-15所示。

图6-15　纸箱与货物的尺寸对比

（2）填充物的选择标准是体积大、重量轻，如：气泡膜、真空气囊、防震泡沫，如图6-16所示。

3. 打包

（1）将纸箱的所有边缝用封箱胶带密封好，这样既可以防止商品洒漏和液体浸入，还可以起到一定的防盗作用。

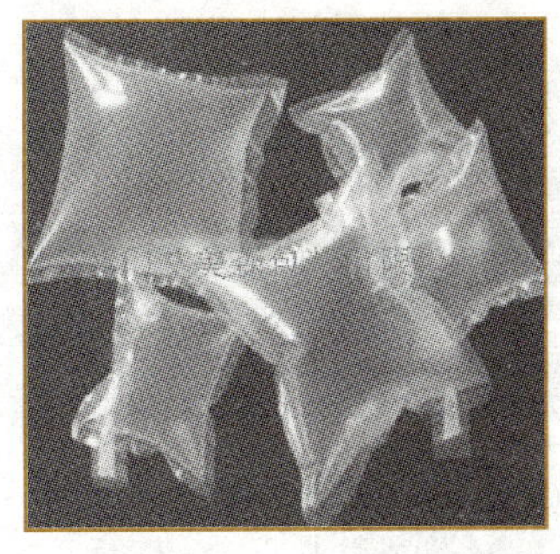

图 6-16　填充物

(2) 在纸箱封口处贴上 1～2 张防盗封条，这样可以起到一定的警示和震慑作用，有效地防止内件丢失。防盗封条可以自己制作，也可以在淘宝上购买。

适当包装的商品，不仅便于运输、装卸、搬运、储存、保管、清点、陈列和携带，且不易丢失或被盗，为各方面提供了便利。打包的要点如图 6-17 所示。

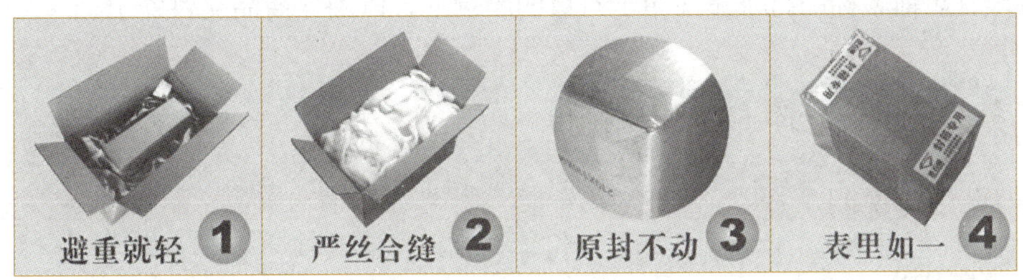

图 6-17　打包的要点

(三) 工作流程

“亲亲草原”网店的亲子瓷碗套装属于易碎品，电商部需制定一套完善的商品包装流程，以减少商品运输过程中的损失。

1. 内包装

为亲子瓷碗量身定制专门的套装盒，每个瓷碗一个专门的位置，使瓷碗与套装盒紧密贴合，不会因盒内空隙造成瓷碗损坏及移位的问题，如图 6-18 所示。

2. 外包装的选择

选择比亲子瓷碗套装略大的、上下左右都能预留 3cm 的纸箱或者泡沫箱，用以填塞填充物。

3. 放入填充物

把套装盒放入纸箱，并在其上下左右用填充物塞紧，如：真空气囊、泡沫板等，一定不能留有空隙。

图 6-18　亲子瓷碗内包装

4. 封装纸箱

用胶带封好四个边角，可以试着摇晃几下，以物品不晃动为合格标准。

5. 贴封条

将印有店铺名称的封条贴在箱子封口的胶带上，以确保商品交付安全。

任务二　设计仓库 5S 管理制度

（一）任务说明

1. 任务描述

小明公司新开辟专供电商部存储、盘点、打包、发货等的电商仓库，由于是新仓库，出现了货物堆码错误、现场包装盒乱堆，甚至因此发错货物的情况。为了解决这些存在的问题，电商部需制定电商仓库 5S 管理制度以提高工作效率。

2. 任务内容

（1）使用通用搜索引擎搜索“仓库 5S 管理制度”，收集相关资料，整理出一份“5S 管理制度”模板。

（2）根据实训任务描述，制定电商仓库 5S 管理制度。

3. 任务目的

通过制定“电商仓库 5S 管理制度”，了解“5S 管理”内容。

（二）知识准备

仓库 5S 管理内容是指整理（SEIRI①）、整顿（SEITON）、清扫（SEISO）、清洁

① 注：日语的罗马拼音。

(SEIKETSU)、素养（SHITSUKE)。开展以整理、整顿、清扫、清洁和素养为内容的活动，简称为5S活动。

1. 仓库5S管理内容——整理

整理是指将工作场所内的物品进行分类，并把不要的物品清理掉。其目的是腾出更大的空间，防止物品混用、误用，创造一个干净的工作场所。

（1）经常用。此类物品应放置在工作场所容易取放的位置，以便随时可以取放。

（2）不经常用。此类物品应贮存在仓库边角的专用固定位置。

（3）不再使用。此类物品应坚决清理掉。

2. 仓库5S管理内容——整顿

整顿是指把有用的物品按规定分类摆放好，并做好适当的标识，杜绝乱堆、乱放、物品混淆不清、该找的东西找不到等无序现象的发生，以使工作场所一目了然、整齐明快，减少寻找物品的时间，清除过多的积压物品。其方法如下：

（1）按物品的使用频率，对放置物品的场所进行合理的规划，如经常使用物品区、不常使用物品区、废品区。

（2）将物品分类摆放在上述场所，并摆放整齐。

（3）在显著位置对这些物品做好适当的标识。

3. 仓库5S管理内容——清扫

清扫是指将工作场所内所有的地方及工作时使用的仪器、设备、工量夹具、货架、材料等打扫干净，使工作场所保持一个干净、宽敞、明亮的环境，其目的是维护生产安全，减少工业灾害，保证品质。其方法如下：

（1）清扫地面、墙上、天花板上的所有的杂物灰尘。

（2）对仪器、设备、工量夹具、模具等进行清理、润滑，对破损的物品进行修理。

（3）对水源、噪声等污染源进行治理。

4. 仓库5S管理内容——清洁

清洁是指经常性做整理、整顿、清扫工作，并对以上三项活动定期与不定期地监督检查。其方法如下：

（1）5S工作责任人负责相关的5S责任事项。

（2）每天上下班花一些时间做好5S工作。

（3）经常做自我检查与相互检查，专职定期或不定期检查。

5. 仓库5S管理内容——素养

素养是指让每个员工都养成良好的习惯，积极主动遵守各项规章制度，如：遵守作息时间、工作精神饱满、仪表整齐、保持环境的清洁等。

（三）工作流程

“亲亲草原”网店的买家购买的瓷碗数量各不相同，造成商品包装规格的不同，加之打印物流单、核对订单信息等工作，一天下来，仓库现场混乱不堪。为了更好清理整顿仓库环境，需制定仓库现场5S管理制度，制定流程如下：

（1）通过网上渠道收集一些“仓库现场5S管理制度”资料；

（2）结合公司仓库实际情况制定5S管理制度；

（3）提交至公司总经理审核，通过后实施。

1. 通过网上渠道收集一些“仓库现场5S管理制度”资料

打开百度，在搜索栏中输入“仓库现场5S管理制度”，在搜索页中查看相关资料并下载所需资料，如图6-19所示。

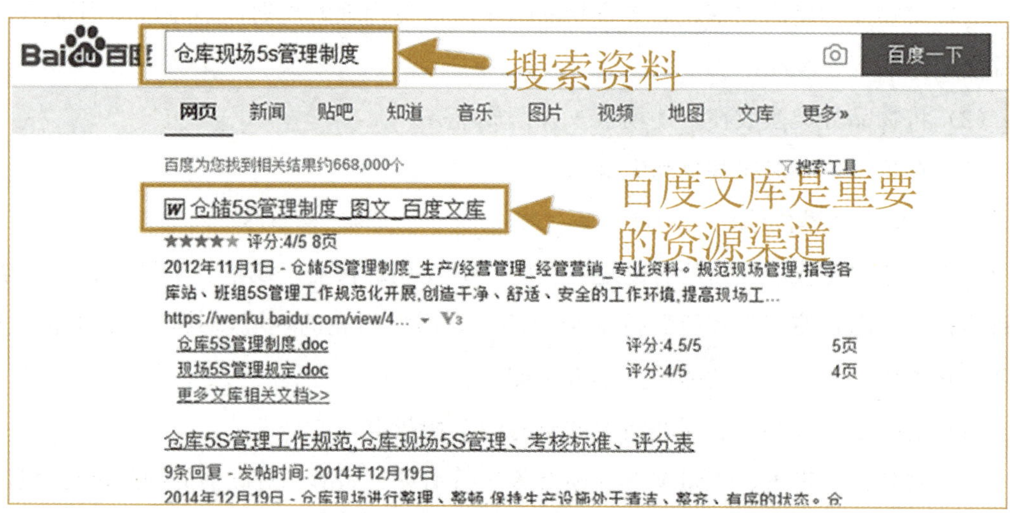

图6-19 百度搜索页

2. 结合公司仓库实际情况制定5S管理制度

整理并修改找到的资料，形成一份比较规整的制度文件，并结合公司实际情况，对制度文件进一步修改，实现管理制度本地化，如图6-20所示。

仓库5S管理制度

一、目的

规范现场管理，指导仓库班组“5S”工作规范化开展，创造干净、整洁、舒适、安全的工作环境，提高现场工作效率及准确性。

二、范围

适用于本公司电商部仓库的5S管理场所。

三、5S含义

1. 整理（SEIRI）：工作现场，区别要与不要的东西，只保留有用的东西，撤除不需要的东西。

2. 整顿（SEITON）：把要用的东西，按规定位置摆放整齐，并做好标识进行管理。

3. 清扫（SEISO）：将岗位保持在无垃圾、无灰尘、干净整洁的状态。

4. 清洁（SEIKETSU）：将整理、整顿、清扫进行到底，并且制度化、规范化。

5. 素养（SHITSUKE）：自觉遵守执行仓库5S管理制度。

四、目标

1. “两齐”：库容整齐、堆放整齐。

2. “三清”：数量、质量、规格清晰。

3. “三洁”：货架、货物、地面整洁。

4. “三相符”：账、卡、物一致。

5. “四定位”：区、架、层、位，对号入座。

五、仓储区域划分

1. 划为“产品存储区”“包装盒区”“废品区”“待发货区”“打包区”，并将各区划给电商部专人负责。

2. 区域划分按照同一时间在同一地点只能有一人负责的原则。

3. 个人负责的区域必须有明确的界线，不允许与他人区域交叉。

4. 个人对自己所负责区域的5S执行情况负全部责任，领班对本管理区的5S执行情况负全部责任。

六、执行标准

1. 区域与标识

（1）区域划分清晰，区域名称、责任人标识明确。

（2）区域号码应准确、牢固。

（3）标识必须清晰、牢固，标识中的货物名称、规格、数量必须与库内的实物一致。

2. 整理

（1）高库位的货物上不许存在飘挂物。

（2）货物放置应遵从以下原则：

A. 同一类型或同一项目的货物集中放置；

B. 重量按照由重到轻的次序；

C. 取用频次由多到少。

（3）破损的包装应及时修补或者更换。

（4）区域内不得存放非本区域的货物。

（5）所有桌面、操作台面上只放置票据、笔、计算工具、电子秤等工作直接必需品；严禁放置废品、手套、帽子、水杯、笔筒等非直接物品。

（6）消防区域内无杂物。

3. 整顿

（1）各区域中货物占用的卡板必须平行、同向码放，不得歪斜排列。

（2）码放在卡板上的货物，原则上不允许超出卡板，货物码放应整齐，不许斜放。

（3）饮水区的杯子，使用完毕后必须放回柜中。

（4）所有叉车在指定位置停放时必须方向一致、姿态一致。

（5）叉车不得在没有使用者的情况下停放在非指定的任何位置上。

4. 清扫

(1) 存储的货物干净无灰尘、水渍等。

(2) 地面无散落的货物及粮食、包装、绳索等垃圾。

(3) 消防器材整齐洁净。

5. 清洁

(1) 文件、单据分类清晰，文字填写清楚，资料整洁。

(2) 现场的各类工具必须定位、定人管理，并按时清洁保养。

(3) 叉车按照规定进行点检。

6. 素养

(1) 工服、工帽穿戴整齐，符合公司要求。

(2) 遵守《操作员工手册》的各项规章制度。

(3) 注意节电节水。

六、亲亲草原仓库 5S 领导小组

职 务	职 责	人 员
组长	1、5S 管理规定的制定 2、5S 管理规定的执行 3、5S 活动的推动 4、5S 的员工培训 5、5S 检查 6、5S 的执行评定	小明
副组长	1、5S 管理规定的执行 2、5S 区域的划分 3、协助组长 5S 推动活动 4、协助组长对员工进行 5S 培训 5、定期进行 5S 检查并通报检查结果 6、本部门宣传评比专栏的维护	小王
组员	由各领班组成 执行 5S 管理规定 对本组的员工进行 5S 培训 对本组的 5S 进行检查 每月依据检查结果对本组各员工的 5S 执行情况打分 本组中若有与 5S 标准不符的情况，及时给出改进措施并付诸行动	仓库其他人员

七、5S 检查办法及奖惩机制

1. 检查办法

(1) 每周五上午 10:00 5S 组长对仓储的 5S 情况进行检查。

(2) 检查完毕后，公布检查结果（汇总各检查员的结果）。

(3) 组长就出现的问题给出改进措施及时间。

(4) 各负责人每天依据该检查表对本管理区进行检查，并记录检查结果。

2. 奖惩办法

组长根据每日的检查结果对月底员工的绩效考核 5S 项打分：

(1) 连续 3 次月排名第一，绩效考核奖励 3%；累计 4 次以上月排名第一，绩效考核奖励 5%。

(2) 累计 2 次月得分低于 70 分的，绩效考核为零。

附件：仓库检查表

亲亲草原仓库 5S 检查表					
检查日期:	检查人:	管理区:		得分总计:	
分类	检查项目	分数标准	扣分	区域负责人	扣分原因
区域与标识	1）区域划分清晰，区域名称、责任人明确标识；	5			
	2）货位号码应准确、牢固；	5			
	3）标识必须清晰、牢固，标识中的货物名称、规格、数量必须与库内的实物一致。	5			
整理	1）高库位的货物上不许存在飘挂物；	5			
	2）包装破损无修补或者更换；	5			
	3）区域内不得存放非本区域的货物、库内无杂物、无堆放垃圾；	4			
	4）所有桌面、操作台面上只放置单据、笔、计算工具、电子				

图 6-20　仓库 5S 管理制度

注：引自百度文库。

3. 提交至公司总经理审核，通过后实施

制度性文件需经过总经理审核并通过，才能实施。

（四）职场小贴士——5W2H 执行法

5W2H 是一种工作思维或者说是一种做事情的方法，发明者用五个以 W 开头的英语单词和两个以 H 开头的英语单词进行设问。

（1）What——是什么？目的是什么？做什么工作？

（2）Why——为什么要做？可不可以不做？有没有替代方案？

（3）Who——谁？由谁来做？

（4）When——何时？什么时间做？什么时机最适宜？

（5）Where——何处？在哪里做？

（6）How——怎么做？如何提高效率？如何实施？方法是什么？

（7）How much——多少？做到什么程度？数量如何？质量水平如何？费用产出如何？

在职场中，5W2H 广泛应用于工作项目推进和工作沟通之中。例如当小明和美工

沟通一款产品海报设计时，他需要向美工明确 5W2H 信息，即他要这海报的目的是什么，由哪些人完成，何时要用这些海报，要达到什么效果以及需要的数量等信息。而美工获得这些需求信息后，他自然就会明白自己的工作任务。缺少其中某类信息，就可能造成沟通疏漏。如完成时间没提及，就可能导致美工未按时完成设计。

(五) 思考题

如何将 5W2H 执行法应用于生活中？

单元 七

在线交易

一、知识准备

（一）咨询管理

不论是在淘宝网，还是在其他网络零售平台，回复买家咨询是一项很重要的日常工作。当买家通过咨询洽谈工具发来咨询信息时，卖家应在第一时间对买家咨询的问题进行认真、积极的回复，以促成销售。

回复买家咨询时，应遵循有礼、有理、有节的工作原则，做到语言规范，礼貌、客观、准确地回答买家的咨询，切忌做夸大的宣传和承诺。

通过 QQ 和旺旺进行在线咨询沟通，不仅可以加快回复速度，也可以提高服务质量，促成交易。在网上在线服务客户，需要客服有足够的耐心。有些客户喜欢问比较多、比较具体的问题，也是因为客户有疑虑或者比较细心，这个时候，需要客服耐心地解释和解答，打消客户的疑虑，满足客户的需要。

在线客服应具备以下基本素质：

1. 细心

中大型网店客服每天至少接待一百来位客户，因此客服必须细心、有耐心，否则一点点的错漏和贻误，都会耗费更多时间和精力来处理。

2. 同理心

同理心就是把自己当作客户，设身处地来体会客户的处境和需要，给客户提供更合适的商品和服务。

3. 自控力

自控力就是控制好自己的情绪。网络上有形形色色的客户，有好沟通的，也有不好沟通的，客服作为一个服务岗位，遇到不好沟通的客户，就要控制好自己的情绪，

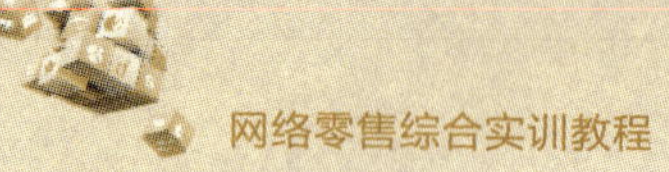

耐心地解答，有技巧地应对，工作时严禁把私人情绪带到工作中。

（二）订单管理

在淘宝网上，买卖双方在交易咨询洽谈时，若卖家同意给予买家价格上的优惠，那么在买家下单后、付款前，卖家可以修改该订单的价格。买家下单后，卖家还可以在订单上备注买家在交易咨询洽谈时提出的交易要求，比如用买家指定的快递公司发货，或包装要求等信息，以提高服务质量，让买家满意。

（三）评价管理

交易结束的最后一个步骤是对本次交易做出评价，评价的内容对网店来说是极其重要的，因为大多数网购者都会参考商品的评价做出选择，评价的结果直接影响到网店的好评率、宝贝的销量和销售业绩，甚至影响到店铺能否参加“聚划算”等这样的人气促销活动。“聚划算”对店铺的要求是集市店（即淘宝店）好评率大于98%，商城店（天猫店）店铺综合动态评分在4.6分及以上，“宝贝与描述相符”项在4.6分及以上。

评价非常重要，由此也带来不少纠纷，甚至出现了“职业差评师”这种畸形的职业，在此也提醒各位打算或者将要踏上电商之路的莘莘学子：诚实经营，合法守信是从商之本，同时也要学会一些基本的技巧以应对那些利欲熏心的不法之徒。

1. 信用评价介绍

（1）在淘宝交易平台完成每一笔交易订单后，买卖双方均有权根据对方的交易情况做出相关评价。买家可以对宝贝进行好、中、差评，卖家也可以给买家做出好、中、差评，这些评价统称为信用评价。评价积分的计算方法具体为：“好评”加一分，“中评”零分，“差评”扣一分。

（2）交易成功且买家单方评价后还可追加评论，追加评论时间的期限为交易成功后的180天。买家有一次追加评论的机会（仅追加评论，不涉及好、中、差评及店铺动态评分），卖家也会随之多一次解释机会，从而更真实地反映购买后的情况，追加的评论仅是文字内容，不影响卖家的好评率，追加评论后无法进行修改或删除。

（3）在交易成功后买家可进行店铺评分，店铺评分包括四项，即宝贝与描述是否相符、卖家的服务态度、卖家发货的速度、物流公司的服务。店铺评分取连续六个月内所有买家给予评分的算术平均值，评价有效期为订单交易成功后的15天内。只有使用支付宝并且交易成功的交易才能进行店铺评分，非支付宝的交易不

能评分。

店铺评分和信用评价是并存的，虽然两者的体现内容不一样，但都是为买家提供更多的参考价值。店铺评分与信用评价的异同如表 7－1 所示。

表 7－1　店铺评分与信用评价的异同

项目	相同点	不同点	
		信用评价	店铺评分
评价时间	交易成功后的 15 天内	/	/
评价对象	淘宝网会员	买卖双方互评	仅是买家对卖家的评分
评价显示形式	“信用评价管理页面”“掌柜档案”“我的淘宝”“旺旺”等	以心、钻、冠的形式展现	滚动方式展现
积分方式	/	信用分累计的方式	只展示近 6 个月的店铺评分分数
评价条件（哪些交易可以评价）	交易成功	按宝贝评价	按订单评分（对商城卖家可对每种商品做出宝贝与描述相符的评分）
评价是否匿名（匿名的具体形式）	/	可选择是否匿名	默认匿名

2. 计分规则（含匿名评价）

（1）每个自然月中，相同买家和卖家之间的评价计分不得超过 6 分（以淘宝订单创建的时间计算）。超出计分规则范围的评价将不计分。（解释：每个自然月相同买、卖家之间评价计分在［－6，＋6］之间，每个自然月相同买、卖家之间总分不超过 6 分，也就是说总分在－6 和＋6 之间，例如买家先给卖家 6 个差评，再给 1 个好评和 1 个差评，则 7 个差评都会生效计分。）

（2）若 14 天内（以淘宝订单创建的时间计算）相同买、卖家之间就同一个商品进行评价，多个好评只计＋1 分，多个差评只记－1 分。

3. 评价修改

淘宝的评价规则规定：修改评价不必求助于淘宝客服，可自行处理，但收到的评价需要联系评价方才能修改。评价人可在做出中、差评后的 30 天内，对信用评价进行一次修改或删除，30 天后评价不得修改。中评或差评只能修改为好评或是删除，且只有一次机会，如差评修改为好评后，将不能再删除或修改。

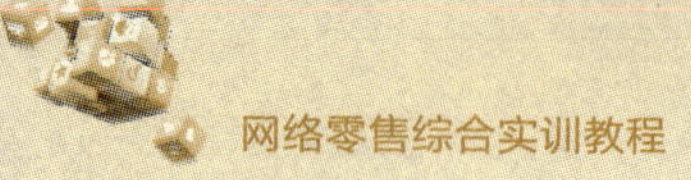

（四）处理买家投诉

在淘宝网上卖家收到买家的投诉要第一时间做出解释，以避免投诉生效。解释时，语言应简明扼要，要讲事实、摆道理，同时态度要诚恳，不能得理不饶人，语言更不能粗暴。

二、实训任务

（一）任务说明

1. 任务描述

在C2C实训平台完成回复买家咨询、修改订单价格、关闭订单、提醒付款、确认订单并发货等操作。

2. 任务内容

（1）回复一个买家针对某商品的咨询。

（2）修改一个订单的价格。

（3）关闭未付款或买家要求取消的订单。

（4）提醒买家付款。

（5）确认收款并发货。

3. 任务目的

（1）掌握商品咨询洽谈的方法和技巧。

（2）掌握修改订单价格的流程和方法。

（3）掌握关闭未付款或买家要求取消订单的操作流程和方法。

（4）掌握提醒买家付款的操作流程和方法。

（5）掌握确认订单并发货的操作流程和方法。

（二）流程说明

完成本任务所需的步骤和顺序如图7-1所示。

（三）操作说明

1. 回复买家针对某商品的咨询

步骤一：登录C2C实训平台，进入“卖家中心”。

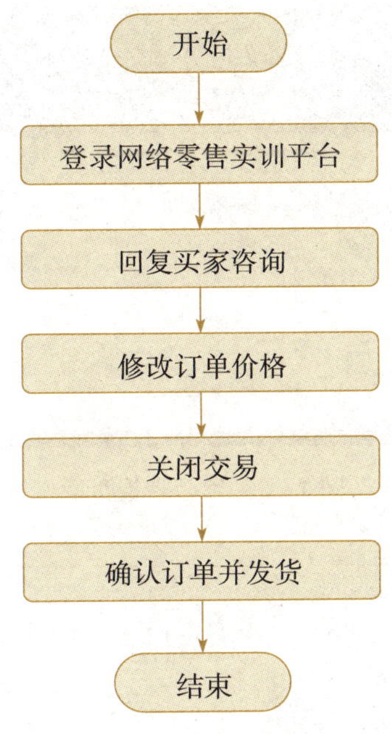

图 7-1　在线交易任务操作流程

步骤二：在“卖家中心”→“商品管理”→“商品咨询管理”→“商品咨询列表”下，单击商品咨询列表中商品咨询信息后“回复”按钮进入回复咨询页面，如图 7-2、图 7-3 所示。

图 7-2　商品咨询列表

步骤三：完整、客观地回复买家的商品咨询。

2. 修改订单价格

步骤一：登录 C2C 实训平台，进入“卖家中心”。

步骤二：在“卖家中心”→“已卖出的商品”下，单击“订单管理”，进入订单管理的所有订单页面，如图 7-4 所示。

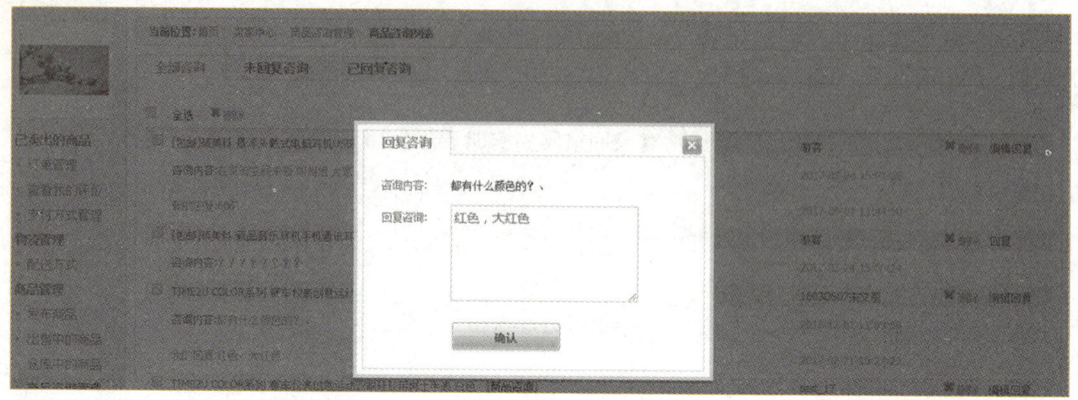

图 7－3　回复咨询页面

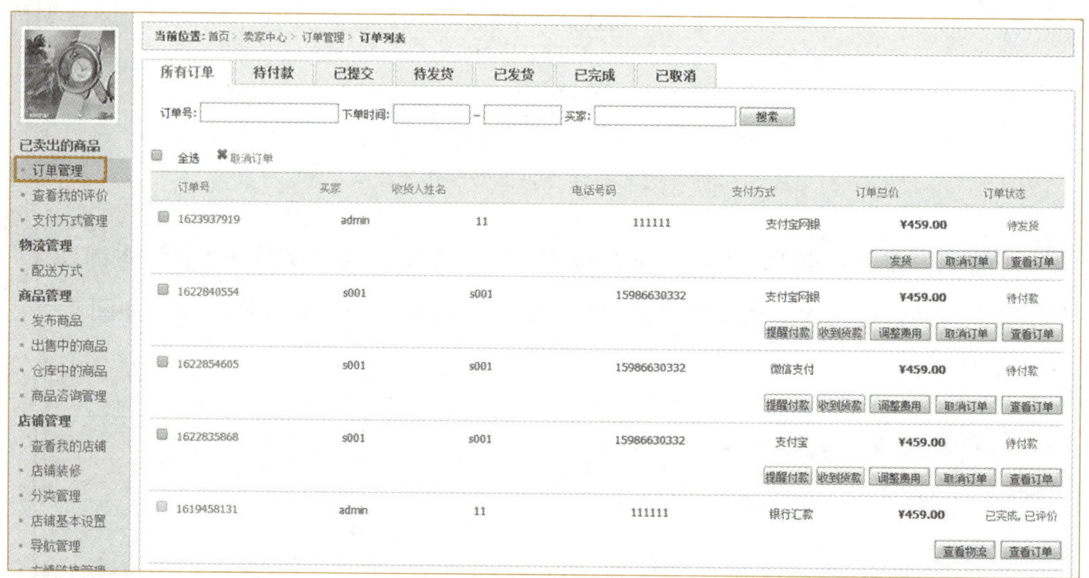

图 7－4　订单管理—所有订单页面

步骤三：在所有订单页面单击需要修改价格的订单下的“调整费用”按钮，系统弹出调整价格页面，如图 7－5 所示。

步骤三：在调整费用页面，根据下单前与买方的约定修改商品总价或配送费。

3. 关闭订单

步骤一：登录 C2C 实训平台，进入“卖家中心”。

步骤二：在“卖家中心”→“已卖出的商品”→“订单管理”下的所有订单页面，如图 7－4 所示，单击需要关闭的订单下的“取消订单”按钮，即可关闭该订单，此交易终止。

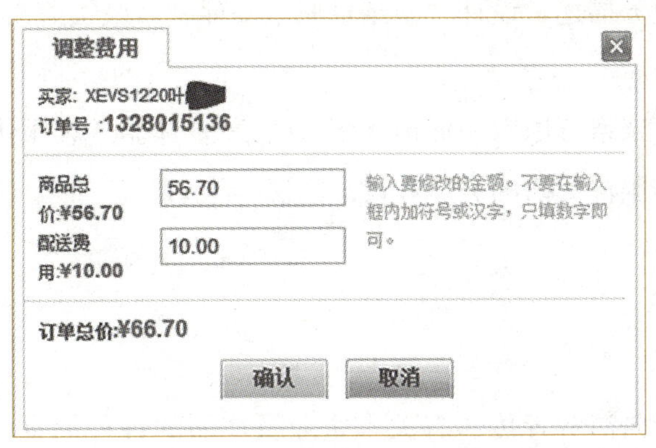

图 7-5 调整费用页面

4. 提醒买家付款

步骤一：登录 C2C 实训平台，进入“卖家中心”。

步骤二：在“卖家中心”→“已卖出的商品”→“订单管理”下的所有订单页面，如图 7-4 所示，单击需要提醒付款的订单下的“提醒付款”按钮，即可向该订单的买家发出一条提醒信息。

5. 确认收款并发货

步骤一：登录 C2C 实训平台，进入“卖家中心”。

步骤二：在“卖家中心”→“已卖出的商品”→“订单管理”下的所有订单页面，如图 7-4 所示，单击已收款的订单下的“收到货款”，完成收货地址确认和发货操作。

三、拓展任务——编写促销活动中的客服回复快捷语

（一）任务说明

1. 任务描述

临近六一儿童节，小明的电商团队推出“儿童快乐，我 5 折”的促销活动。针对幼儿园与托管班客户，特地推出“亲亲草原”幼儿集体版套装碗。经过近三个月的线上与线下预热，当前宝贝收藏量已过千，预计儿童节当天访问量达到高峰。

为防止出现客服回复不及时或失误，电商部组织客服人员编写本次活动客服快捷语。

2. 任务内容

(1) 使用搜索引擎搜索“客服快捷语”，收集“客服快捷语”资料。

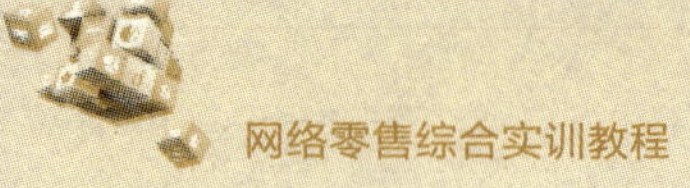

（2）根据实训任务描述，设计“亲亲草原六一促销客服快捷语”。

3. 任务目的

（1）通过设计“亲亲草原六一促销客服快捷语”，体验“客服快捷语”设计过程。

（2）掌握网店客服快捷语的类型和设计方法。

（二）知识准备

1. 促销的概念

促销就是营销者向消费者传递有关本企业及产品的各种信息，说服或吸引消费者购买其产品，以达到扩大销售量的目的。

促销实质上是一种沟通活动，即营销者（信息提供者或发送者）发出刺激消费的各种信息，把信息传递到一个或更多的目标对象（即信息接收者，如听众、观众、读者、消费者或用户等），以影响其态度和行为。

狭义的促销，专指各种实质的促销活动。广义的促销则至少包含四种促销工具：广告、公关、（业务）人员推销、各种实质的促销活动等。在当今竞争激烈、错综复杂的经营环境下，单靠一种促销工具，无法获得理想效果。企业认同“广义促销”，并使用促销组合刺激消费，已是近年来的主流趋势。

2. 网店客服快捷语

网络零售平台客服的工作通常分为售前、售中和售后三部分。在促销活动中，售前的任务主要是回复买家疑问、促销活动预告和设置自动回复；售中的主要任务是处理商品咨询问题；售后的主要任务是处理物流和商品问题等。

（三）工作流程

“亲亲草原六一促销客服快捷语”大体编写流程如下：

（1）通过网上渠道收集一些“客服快捷语”资料。

（2）结合公司促销活动实际情况编写促销客服快捷语表。

（3）内部讨论、优化快捷语表格。

这三个工作流程又由多个工作步骤组成，具体如下。

1. 通过网上渠道收集一些“客服快捷语”资料

打开电脑浏览器，在百度搜索栏输入“客服快捷语”，在搜索结果页面查看相关资料并下载所需资料，如图 7－6 所示。

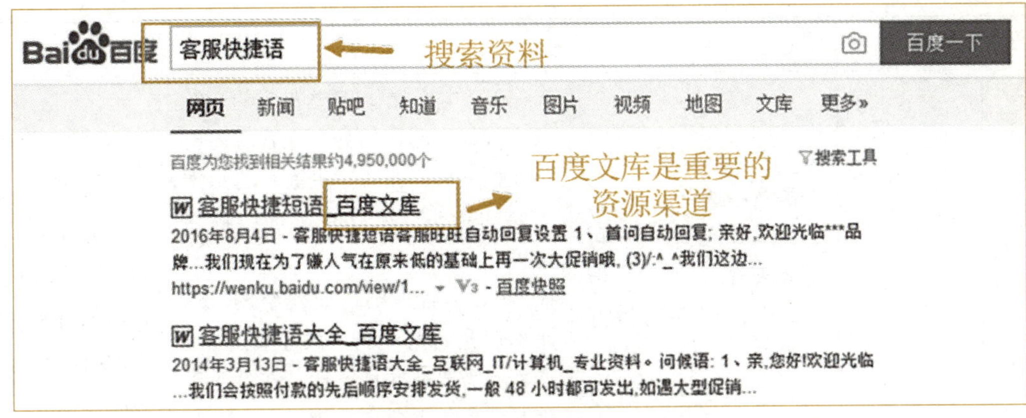

图 7－6　百度“客服快捷语”搜索结果页面

2. 结合公司促销活动实际情况编写促销客服快捷语表

设计亲亲草原六一促销客服快捷语表格，编写售前、售中、售后快捷语，如表 7－2 所示。

3. 内部讨论、优化快捷语表格

电商部组织部门会议，对上述快捷语表格进行讨论与优化。

表 7－2　亲亲草原六一促销客服快捷语

制表日期：××××年××月××日　制表人：

阶段	情况	要点	话术	备注
售前	欢迎语（自动）	欢迎词＋接待量大致歉＋引导自助购物	亲，您好，欢迎光临亲亲草原，全场 5 折优惠！目前咨询量大，不能及时回复请您谅解，为节省您的时间，请自助购物，店内能拍的就是有货的，我们会尽快发货，如需发票请在拍下时注明抬头，谢谢！	买家第一次发送消息时自动发送
	等候语	需等候＋致歉，欢迎语中已经提到相关内容，此处主要是对话中的等候语	亲，很抱歉，目前咨询量大，并非有意怠慢，有问题请留言，我会尽快给您回复，谢谢您的等待和理解。	当买家咨询量大于 10 人时使用

续表

阶段	情况	要点	话术	备注
售中	发票	如客户询问发票， 提醒及注意点： （1）本次活动客户可能需要走企业报销流程，所以强调可以开具发票。 （2）如果需要货和发票分开寄，本店需要承担运费。	A：亲，本店提供正规发票的，发票随货物一起发给您，您若有需要请在拍下后，在备注里面写清楚您需要的抬头，请放心挑选心仪的宝贝。 B：亲，本店提供正规发票的，只是本店是每月一开，集中寄出的，您若有需要请在拍下后，在备注里面写清楚您需要的抬头，我们会统一以挂号信的方式寄送给您，邮费是我们出的哦，请放心挑选心仪的宝贝。	客户在收货后要求开发票，补寄的邮费是需要商家承担的
	关于付款方式	如客户询问可以提供哪些付款方式	亲，若您要对拍下的宝贝进行付款，有以下几种常见付款方式，您可以单击任意一种查看具体支付方法：（1）支付宝账户余额支付；（2）储蓄卡支付（网银付款）；（3）信用卡支付；（4）找人代付；（5）快捷支付（无须开通网银）。	
	关于货到付款	提醒及注意点： 本店未开通货到付款，委婉说明。	亲，不好意思，本店商品不支持货到付款哦。	
	关于包邮	提醒及注意点： （1）请务必设置运费模板，同时在宝贝详细描述中写清楚（包邮的指定快递名、包邮地区等信息）。 （2）全场包邮（港澳台、新疆、西藏、内蒙古及海外除外）。	亲，亲亲草原的宝贝都是满 5 套包邮的，请看下本店的运费模板，上面写得很清楚哦。个别地区和非指定快递您需要补邮费的，请您自己阅读模板哦。请您考虑下，根据实际情况来拍哦。	
	发货时间	提醒及注意点： 仅保证 3 天内发货。	亲，发货时间已经在商品详细描述中标注，请亲仔细查看哦。 亲，活动期间发货量很大，我们将在 3 天之内发货，请留意物流信息。	

续表

阶段	情况	要点	话术	备注
售中	关于7天无理由退换货	提醒及注意点： (1) 7天无理由退换货，商家需承担寄送的快递费用。 (2) 商家根据商品实际情况选择是否主动帮买家投保退货运费险。 (3) 退货运费险的赔付发生在实际交易后，并且由保险公司赔付。	亲，本店支持7天无理由退换货(在不影响二次销售的情况下)，六一活动当天购买的客户，可免费获得我们提供的运费险。 当发生退货时，在退款完成后72小时内，保险公司将按约定对亲的退货运费进行赔付。 运费险理赔的条件：(1) 交易发生退款以及退货；(2) 买家需提供退货时的物流信息。 亲，请放心，若是7天无理由换货，我们寄出宝贝的费用由我们承担……	
售后	催发货	安抚客户等待的心	亲，不好意思，活动期间订单数量多，仓库小伙伴正加班加点包装您的宝贝，我们保证3天之内发货，给您造成不便我们深感抱歉，恳请您的谅解，并请您再耐心等待下。	
	发货后等太久催促	安抚客户等待的心	亲，请提供下订单号和货物的快递单号，我们会跟快递公司联系，同时也麻烦亲再耐心等候下，我们一定会为您催促的。	
	关于7天无理由退换货	有运费险	亲，本店支持7天无理由退换货(在不影响二次销售的情况下)，活动当天购买的客户，可免费获得我们提供的运费险。 当发生退货时，在退款完成后72小时内，保险公司将按约定对亲的退货运费进行赔付。 运费险理赔的条件：(1) 交易发生退款以及退货；(2) 买家需提供退货时的物流信息。 亲，请放心，若是7天无理由换货，我们寄出宝贝的费用由我们承担。	

续表

阶段	情况	要点	话术	备注
售后	换货	说明流程	亲，我们的退货地址为：×××（建议亲用××、××快递寄回，这样可以保障更快的处理速度哦，请千万不要寄货到付款和平邮，我们会拒签的）。另外：请填写好售后保障卡，这能够帮助我们关联到您的订单，尽快处理您的退换货需求，一定要在售后保障卡上写明的信息是：旺旺名、退/换原因、款号（吊牌上有）、颜色、尺码（如果要换货要寄送到新地址，请在售后卡上写明“换地址：新地址为×××”）。	
	退货	说明流程	亲，我们的退货地址为：×××（建议亲用××、××快递寄回，这样可以保障更快的处理速度哦，请不要寄货到付款和平邮，本次活动，我们为您购买了运费险，您先垫付下邮费，退款完成后，保险会赔偿您运费的。同时也提醒您，要得到保险赔偿，别忘了一定要在订单中操作退货退款，并且填写退货快递单号，这步一定不能少）。另外，请填写好售后保障卡，这能够帮助我们关联到您的订单，尽快处理您的退换货需求，一定要在售后保障卡上写明的信息是：旺旺名、退/换原因。	
	邀请评价	保证活动过后，DSR（卖家服务评级系统）能够保持并提升	亲，收到我们精心为小朋友准备的宝贝了吗？相信小朋友们拿到亲亲草原动物瓷碗后，能开怀大笑。以后亲亲草原的动物们就要陪伴小朋友们一起健康成长了。如果您觉得满意或者有建议，请及时对宝贝进行点评，谢谢亲。	

(四) 职场小贴士——沟通“金字塔”原则

在职场中，80%的工作是靠沟通完成的。而职场新人又容易犯一个错误，即与同事沟通或向领导汇报工作时，表达不清楚。往往自己说了很多，同事或领导却问：“你到底想表达什么呢?”如何表达才能让听众明白讲述者所表述的事实呢？这里分享一个有效沟通的方法——金字塔原则。

金字塔原则是一项层次性、结构化的思考、沟通技术。首先有一个总的观点，这个观点由多个论据支持，而各个论据又可以由几个子论据支持，这样不断向下延伸，形成一个逻辑缜密的金字塔。所以，通俗讲就是“先讲结论再讲论点”，听者先知道结论，在后续沟通中，就可以沿着讲述者的表达去验证结论。

(五) 思考题

请用电子表格为某网店设计一份客服快捷用语。

单元 八

营销推广

一、知识准备

（一）聚划算

聚划算（https://ju. taobao. com）是阿里巴巴集团旗下的团购网站，是淘宝卖家面向网络消费者做团购活动的首选平台。聚划算能给店铺带来巨大的流量和订单，但是它审核复杂，要求很高。淘宝C店（即淘宝店）报名参加聚划算要满足以下要求：

（1）卖家的信誉达到3钻以上。

（2）同一卖家每次限提交3个单品，且单个商品数量在1000件及以上（大型数码电器类、金银珠宝类等，数量可适当放宽），一周内不能重复提交商品；同一个卖家一个月最多参加1～2次聚划算；相同商品的团购间隔时间为一个月。

（3）报名宝贝必须保证是全新商品，且不是违禁品、无证食品、清仓货或其他违规商品；非旗舰店提交品牌商品必须同时提供授权书。

（4）报名商品属店铺主营类目商品，商品所属类目占店铺总交易额30%以上。

（5）报名商品原则上近期真实销售记录需在10个及以上，有试用中心（try. taobao. com）参与记录的商品优先考虑。

（6）若商品前期有折扣活动，上线原价需占销售记录里的60%以上，折扣价必须高于聚划算团购价110%。不建议提交全店最高单价商品。

（7）商品参团后一个月不得以低于聚划算价110%的价格销售。报名聚划算开始到上线结束后一周，不得同时报名或参加淘宝其他促销活动。

（8）商品团购价需是非盈利性的出厂体验价，各类目要求不一（知名一线品牌或家电类、手机数码类目、新品首发等部分类目及产品可适当放宽价格限制）。不得原价虚高，标品不能高于市场定价，非标品不能比同一店铺的同类商品高20%；单品促销活动价不得低于聚划算报名价格的110%。

（二）满就送

满就送是淘宝店内的营销推广工具之一，是一种变相的减价方式，它不是通过直接给予买家折扣促使买家进行消费，而是通过满足一定的条件来促使买家下单，购买更多的商品。卖家为店铺内商品设置的满就送的活动，是指买家满足活动要求，卖家就送礼品或者给买家打折或者包邮等。满就送通常有多级优惠，每一级要求都不同，优惠也不同。例如，满 1 件减 5 元，满 2 件减 12 元，以此类推。图 8－1 所示的为满就送礼品。

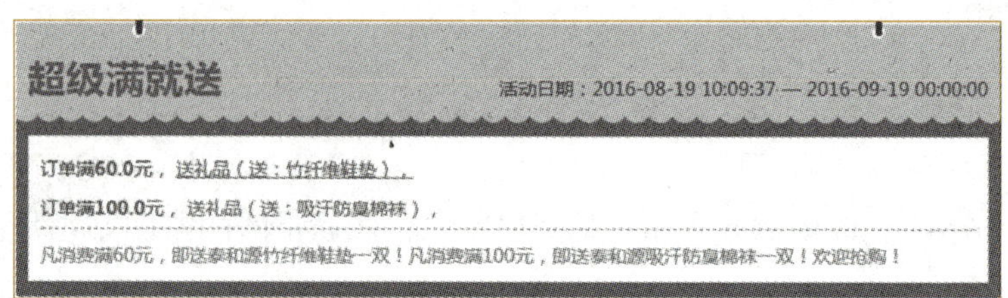

图 8－1　满就送礼品

满就送有如下作用：

（1）提升店铺流量：参加淘宝促销活动，上促销频道推荐，上店铺街推荐。

（2）有助于提高转化率：把更多流量转化成有价值的流量，让更多进店的人购买。

（3）提升客单价：通过满就送，提高店铺整体交易额。

买家可以在商品搜索页面使用“满就送”关键词搜索到所有正在进行满就送活动的商品。

（三）限时打折

限时打折也是淘宝店内的营销推广工具。卖家通过订购这一工具可以在自己店铺中选择一定数量的商品，在一定时间内以低于市场价设置促销活动，以达到吸引顾客的目的。进行限时打折时，将折扣商品以活动优惠等形式告知顾客。限时打折的商品折扣率一般要达 3 折左右，才能对消费者有足够的吸引力。限时折扣一方面可增强店铺内人气，活跃气氛，调动顾客购买欲望，另一方面可促使一些即将过保质期的商品或商品换季前全部出库。活动期间，买家可以在淘宝商品搜索页面使用“限时打折”关键词搜索到所有正在进行限时打折的商品。

限时打折有如下作用：

（1）提升店铺流量：参加淘宝促销活动，上促销频道推荐，上店铺街推荐。

（2）提高转化率：把更多流量转化成有价值的流量，让更多进店的人购买。

限时打折的规则如下：

（1）每个卖家从订购限时打折活动之日起 30 天的总活动时间是 240 个小时。

（2）每次活动时间不能少于 3 小时。单个活动因库存销售完提前结束，未用完的时间会从总的可用时间中扣除。

（3）每个活动最多添加的商品数是 20 个。一个商品只能出现在一个活动中。

（4）在活动中添加的商品，上架时间必须早于活动开始时间，下架时间必须迟于活动结束时间。

（5）商品的折扣度不能低于 0.1 折，折后价格不能低于 1.00 元。限时打折的折扣度，必须比淘宝 VIP 的折扣度低。

（6）活动开始前，卖家可以修改活动所有参数。开始后，活动时间不能修改，其他参数还可以修改。

（四）搭配套餐

搭配套餐也是淘宝店内常用的营销推广工具。卖家订购搭配套餐服务即可对出售中的商品设置搭配套餐活动，即设置商品关联的促销套餐，通过这一促销套餐活动吸引买家一次性购买更多的商品，从而提高店铺的客单价。

买家可以在商品搜索页面使用“搭配套餐”关键词搜索到所有正在进行搭配套餐活动的商品。

（五）店铺优惠券

店铺优惠券也是淘宝店内常用的营销推广工具。淘宝优惠券分为店铺优惠券和商品优惠券，需要卖家订购后才可以设置优惠券。商品优惠券是针对店铺特定商品使用的优惠券，若买家获得的多张商品优惠券所圈定的是不同的商品，则可以同时使用。店铺优惠券是指店铺中所有商品都可以使用的优惠券，但一次下单只能使用一张优惠券，默认使用优惠金额最大的那一张。

在淘宝上，优惠券之间不可以叠加使用，商品优惠券和店铺优惠券也不能叠加使用。只要是店铺优惠券，不管领取渠道是店铺，还是阿里妈妈，抑或其他渠道，使用逻辑都是一样的，一次下单只能使用一张。

对商家来说，店铺优惠券的作用在于可以增加客单价，并与客户进行互动，留住

老客户。

（六）直通车

淘宝直通车是按点击付费的营销推广工具。

淘宝直通车推广的意义在于，在给宝贝（商品）带来曝光量的同时，精准的搜索匹配也给宝贝带来了精准的潜在买家。淘宝直通车推广，用一个点击，让买家进入卖家的店铺，产生一次甚至多次的店铺内跳转流量，这种以点带面的关联效应可以降低整体推广的成本和提高整店的关联营销效果。同时，淘宝直通车还给卖家提供了淘宝首页热卖单品活动和各个频道的热卖单品活动以及不定期的淘宝各类资源整合的直通车用户专享活动。

卖家做直通车推广对关键词的选用是推广成功与否的关键，在做推广前要做好挑词选品，以及出价的准备工作。

下面以鞋子为例介绍三个查找与挑选关键词的方法：

（1）从淘宝搜索框内的推荐词中挑选，如图 8－2、图 8－3 所示。

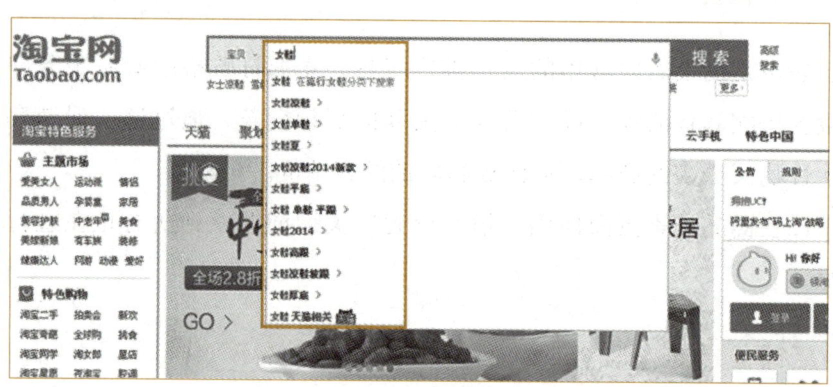

图 8－2　在淘宝搜索“女鞋”

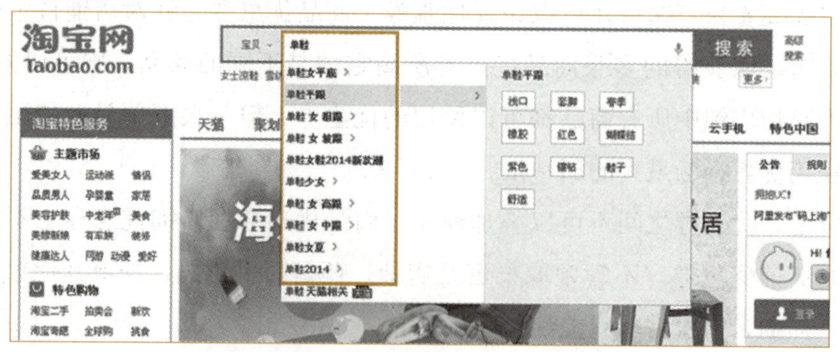

图 8－3　在淘宝搜索“单鞋”

（2）在淘宝直通车关键词推荐中挑选，如图 8－4 所示。

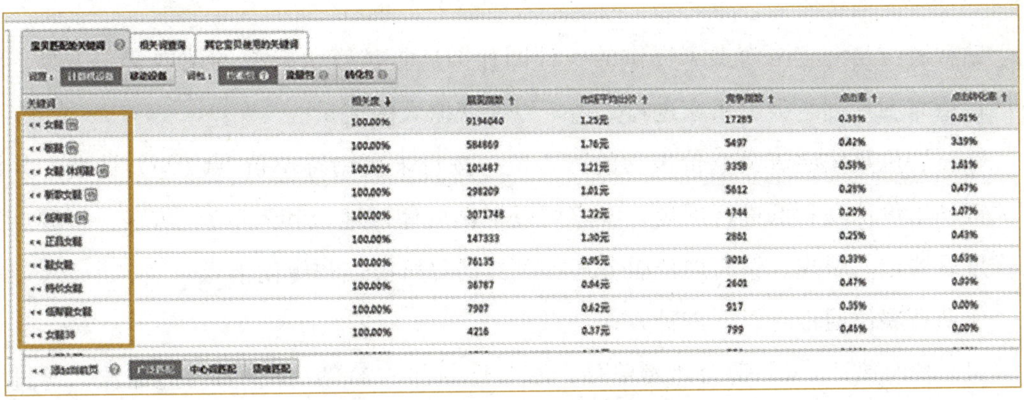

图 8－4　淘宝直通车关键词推荐

（3）在淘宝直通车关键词推荐中单击“相关词查询”，输入与商品相关联的词从中挑选，如图 8－5 所示，以搜索“单鞋”为例。

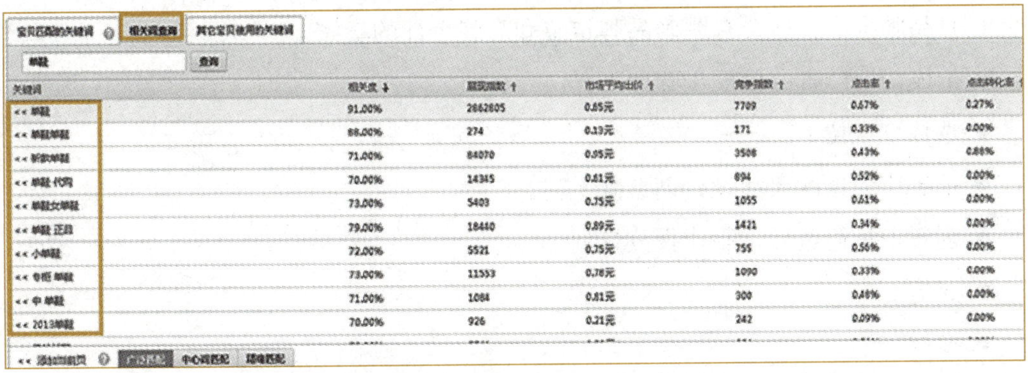

图 8－5　搜索“单鞋”关键词

关键词出价在直通车推广中也是一项很重要的工作，出价是否合理，直接影响直通车推广的效益，以下是几个出价技巧：

（1）统一出价，即把所有参加直通车推广的商品统一设置一个原始价格，等过段时间查看点击率和展示率，再针对性地调整出价。

（2）根据流量修改单价。

（3）根据排名调整出价。

（4）根据店铺的流量和成交量、转化率等，计算出流量价值：计算每笔成交所需的 UV（Unique Visitor，独立访客），UV/成交用户数＝每笔所需要的 UV；计算每个 UV 带来的流量价值：每笔成交利润/每笔所需成交的 UV＝每个 UV 带来的流量价值。

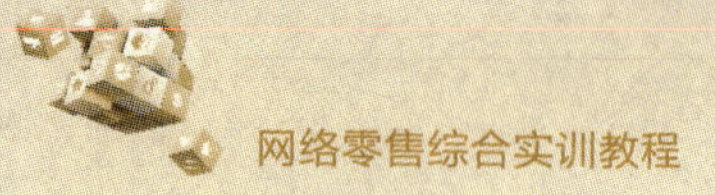

（七）钻石展位

钻石展位是淘宝网为卖家提供的一种图片类广告位竞价投放的站内营销工具。钻石展位依靠图片创意吸引买家进行点击，以期获取大的流量。

钻石展位是按照流量竞价售卖的广告位，按每千次浏览单价（CPM）计费，并按照关键词出价从高到低进行展现。卖家可以根据群体（地域和人群）、访客、兴趣点三个维度设置定向展现。钻石展位服务还提供数据分析报表和优化指导。

做钻石展位通常有以下三种方式：

（1）单品推广：1）适合热卖单品、季节性单品。2）适合想要打造爆款，通过一个爆款单品带动整个店铺的销量的卖家。3）适合需要长期引流，并不断提高单品页面的转化率的卖家。

（2）店铺推广：1）适合有一定活动运营能力的成熟店铺。2）适合需要短时间内大量引流的店铺。

（3）品牌推广：适合有明确品牌定位和品牌个性的卖家。

竞价成功后广告的投放步骤如下：

- 选择广告位。
- 根据广告位的尺寸设计创意并上传。
- 创意审核通过后，制作投放计划。
- 充值。
- 投放。

二、实训任务

（一）任务说明

1. 任务描述

在 C2C 实训平台完成参加聚划算、设置满就送等促销活动、设置直通车、设置钻石展位等营销推广任务。

2. 任务内容

（1）参加聚划算。

（2）设置满就送。

（3）设置限时打折。

（4）设置搭配套餐。

（5）设置店铺优惠券。

（6）设置直通车。

（7）设置钻石展位。

3. 任务目的

（1）掌握参加聚划算、设置满就送等促销活动及设置直通车、设置钻石展位等营销推广的操作流程和方法。

（2）懂得通过营销推广引入流量、提升销量。

（二）流程说明

完成本任务的主要操作流程如图 8－6 所示。

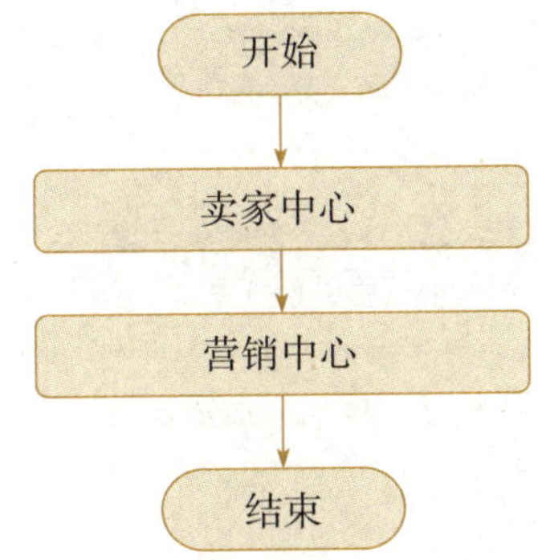

图 8－6　营销推广任务主要操作流程

（三）操作说明

1. 参加聚划算

步骤一：登录 C2C 实训平台，在“卖家中心”→“营销中心”下，单击“聚划算”进入聚划算列表页面，如图 8－7 所示。

步骤二：在聚划算列表页面，单击右上角的“新增聚划算”，在聚划算活动设置页面，选择团购类别，填写活动名称，选择活动商品，上传商品图片，填写每人限购数量、规格、价格和团购说明等，如图 8－8 所示。

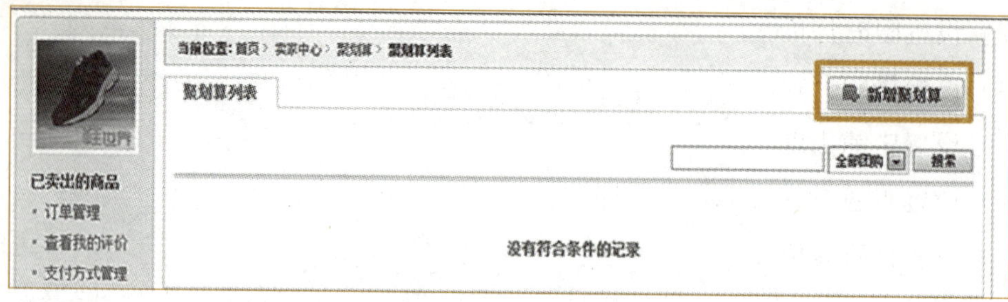

图 8－7　聚划算列表页面

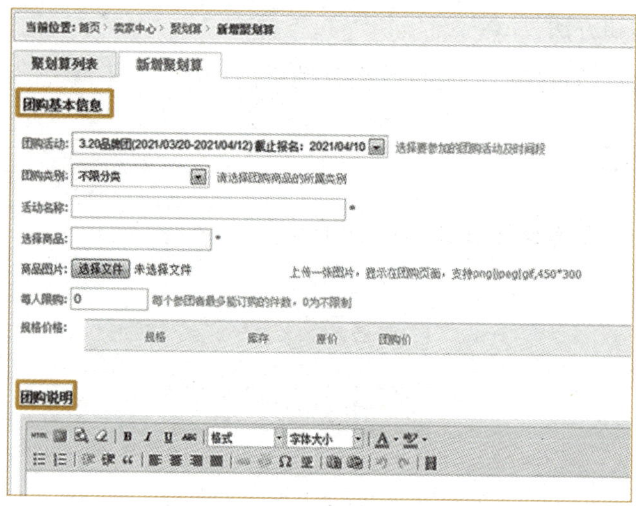

图 8－8　聚划算活动设置页面

2. 设置满就送

步骤一：登录 C2C 实训中心，在“卖家中心”→“营销中心”→“促销管理”下，单击“满就送”进入满就送管理页面，如图 8－9 所示。

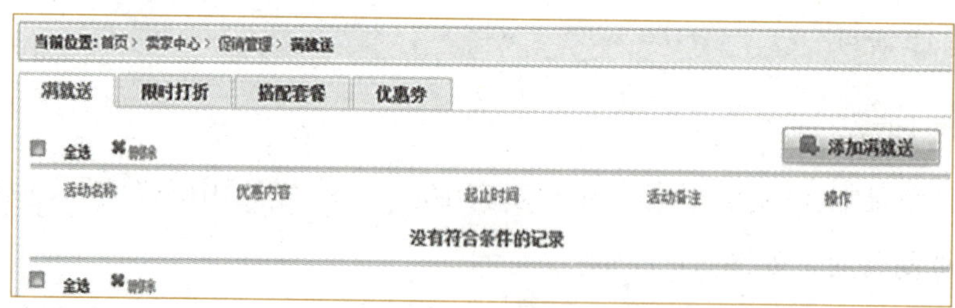

图 8－9　满就送管理页面

设置“满就送”活动需要填写显示活动时间、自定义活动标题、活动条件、优惠内容、活动备注等信息。

“满就送”的类型有：满就减现金、满就免邮费。

步骤二：单击满就送管理页面右上方的“添加满就送”按钮，在满就送活动设置页面，填写活动名称、起止时间、活动条件、优惠内容、活动备注等信息，如图 8－10 所示。

满就送　限时打折　搭配套餐　优惠券

活动信息

活动名称：*

起止时间：2018-09-05 至 2018-09-05 *

活动条件：买家消费满　元 *

优惠内容：减现金

包邮

活动备注：

提交

图 8－10　满就送活动设置页面

步骤三：单击“提交”按钮，满就送活动设置完毕，如图 8－11 所示。

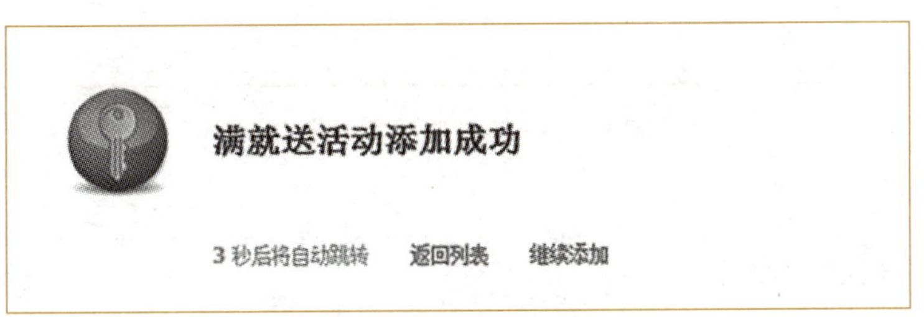

图 8－11　满就送活动添加成功

3. 设置限时打折

步骤一：登录 C2C 实训平台，在“卖家中心”→“营销中心”→“促销管理”下，单击“限时打折”，进入限时打折管理页面，如图 8－12 所示。

当前位置：首页 › 卖家中心 › 促销管理 › 限时打折

满就送　限时打折　搭配套餐　优惠券

全选　删除　添加限时折

商品名称　限时折扣价　起止时间　操作

没有符合条件的记录

全选　删除

图 8－12　限时打折管理页面

步骤二：单击限时打折管理页面右上方“添加限时折”按钮，在弹出的“添加限时折”窗口，选择活动商品分类和活动商品，填写折扣价和使用期限（活动起止时间），如图 8－13 至图 8－17所示。

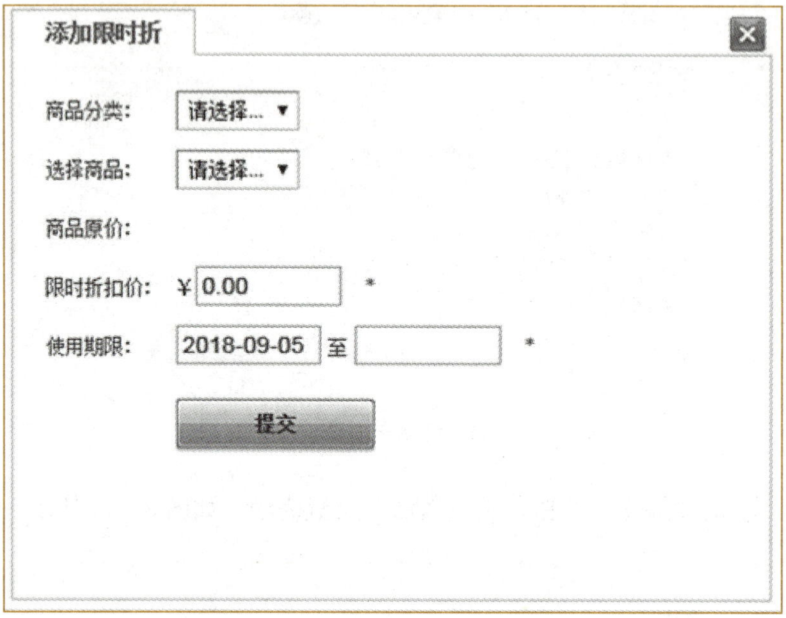

添加限时折

商品分类：请选择...

选择商品：请选择...

商品原价：

限时折扣价：¥ 0.00 *

使用期限：2018-09-05 至 *

提交

图 8－13　设置限时折扣窗口

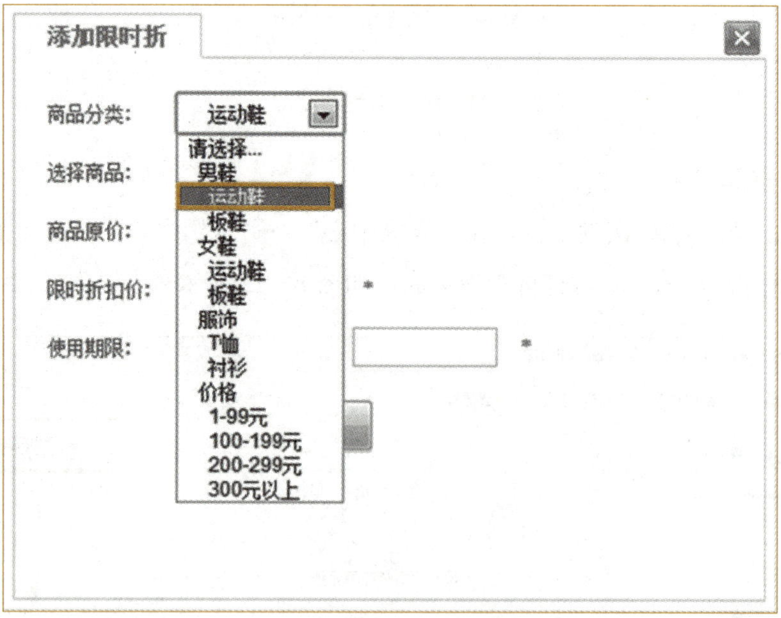

添加限时折

商品分类：运动鞋

请选择...
男鞋
运动鞋
板鞋
女鞋
运动鞋
板鞋
服饰
T恤
衬衫
价格
1-99元
100-199元
200-299元
300元以上

选择商品：

商品原价：

限时折扣价： *

使用期限： *

图 8－14　选择分类

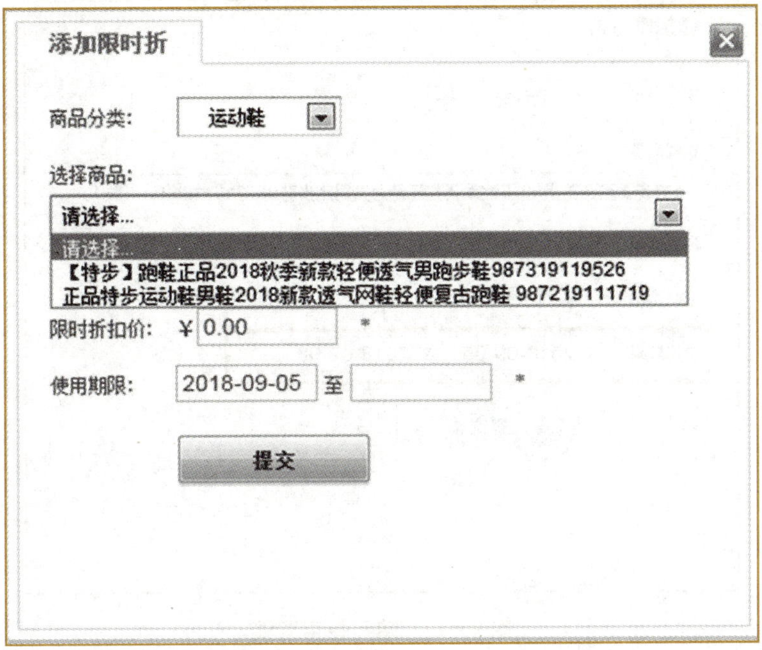

添加限时折

商品分类：运动鞋

选择商品：

请选择...

请选择...

【特步】跑鞋正品2018秋季新款轻便透气男跑步鞋987319119526

正品特步运动鞋男鞋2018新款透气网鞋轻便复古跑鞋 987219111719

限时折扣价：￥0.00 *

使用期限：2018-09-05 至 *

提交

图 8－15　选择商品

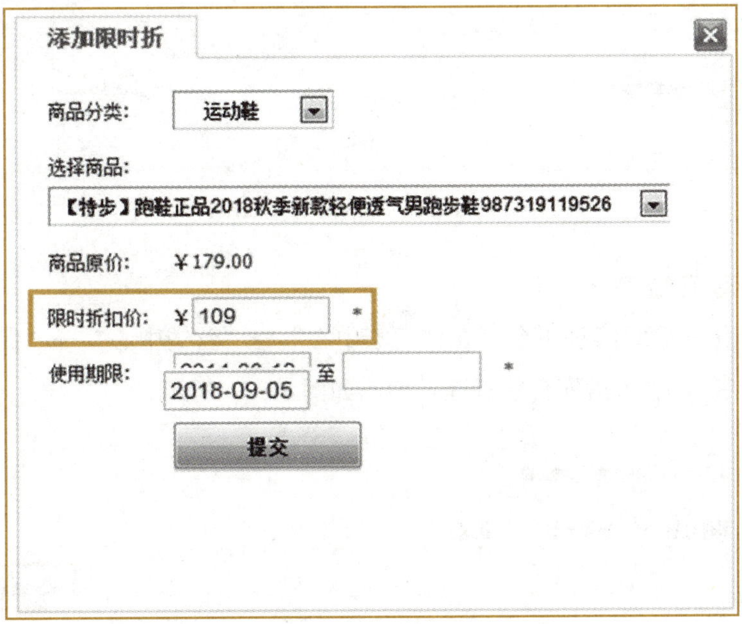

添加限时折

商品分类：运动鞋

选择商品：

【特步】跑鞋正品2018秋季新款轻便透气男跑步鞋987319119526

商品原价：￥179.00

限时折扣价：￥109 *

使用期限：2018-09-05 至 *

提交

图 8－16　填写折扣价

步骤三：以上限时打折活动信息设置无误后，单击“提交”按钮，限时打折活动设置完成，如图 8－18 所示。

添加限时折

商品分类：运动鞋

选择商品：

【特步】跑鞋正品2018秋季新款轻便透气男跑步鞋987319119526

商品原价：￥179.00

限时折扣价：￥109 *

使用期限：2018-09-05 至 2018-09-08 *

提交

图 8－17　填写使用期限

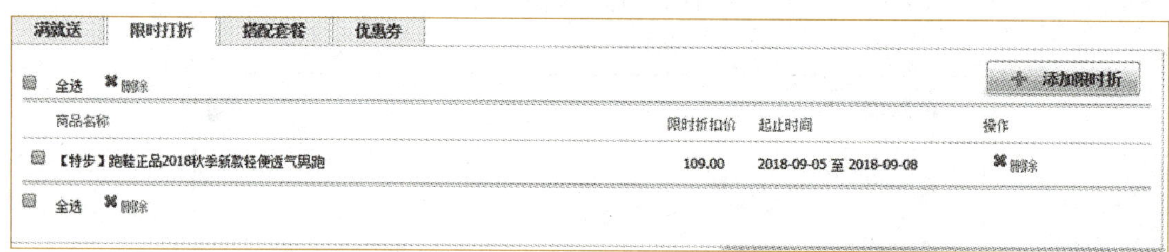

图 8－18　限时打折活动设置完成页面

4. 设置搭配套餐

步骤一：登录 C2C 实训平台，在“卖家中心”→“营销中心”→“促销管理”下，单击“搭配套餐”，进入搭配套餐管理页面，如图 8－19 所示。

当前位置：首页 › 卖家中心 › 促销管理 › 搭配套餐

满就送　限时打折　搭配套餐　优惠券

全选　删除　创建搭配套餐

套餐标题　套餐原价　状态　操作

无商品数据

全选　删除

图 8－19　搭配套餐管理页面

步骤二：单击搭配套餐管理页面右上方的“创建搭配套餐”按钮，在弹出的创建搭配套餐设置页面填写套餐活动的标题，如图 8－20、图 8－21 所示。

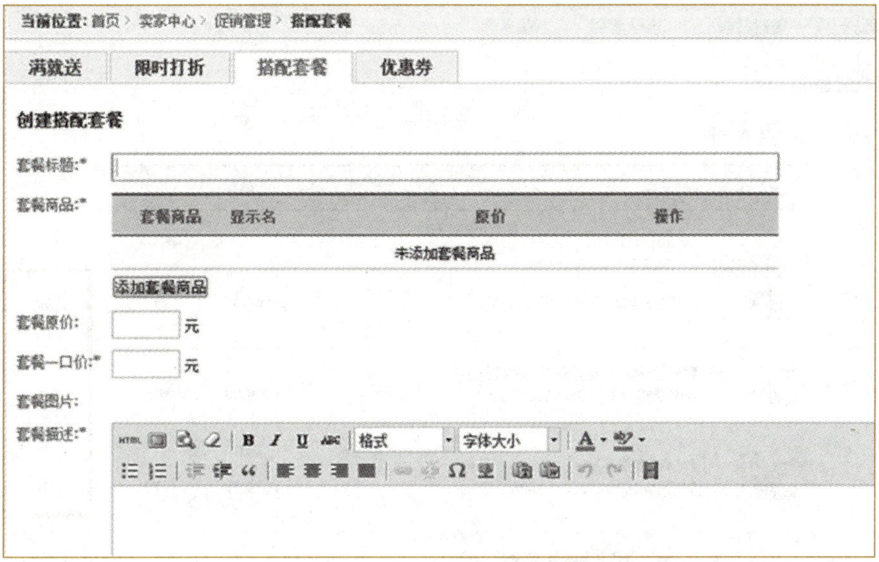

图 8－20　创建搭配套餐设置页面

图 8－21　设置套餐标题

步骤三：在创建搭配套餐设置页面，单击“添加套餐商品”按钮，如图 8－22 所示。

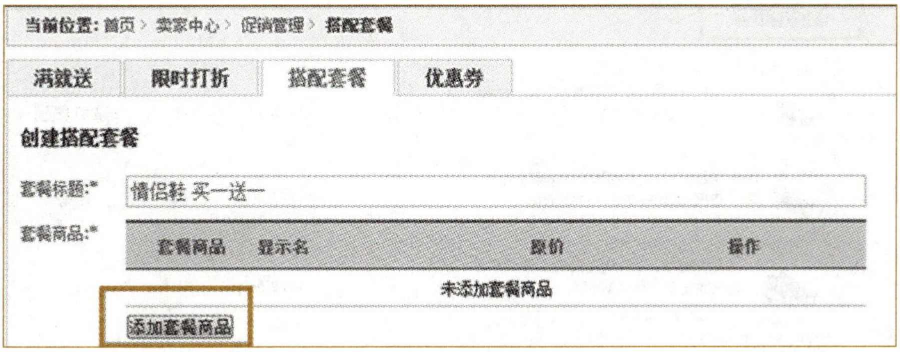

图 8－22　添加套餐商品

步骤四：在选择搭配商品页面，如图 8－23 所示，单击选中商品后面的“添加”按钮捆绑两个以上搭配套餐活动的商品。

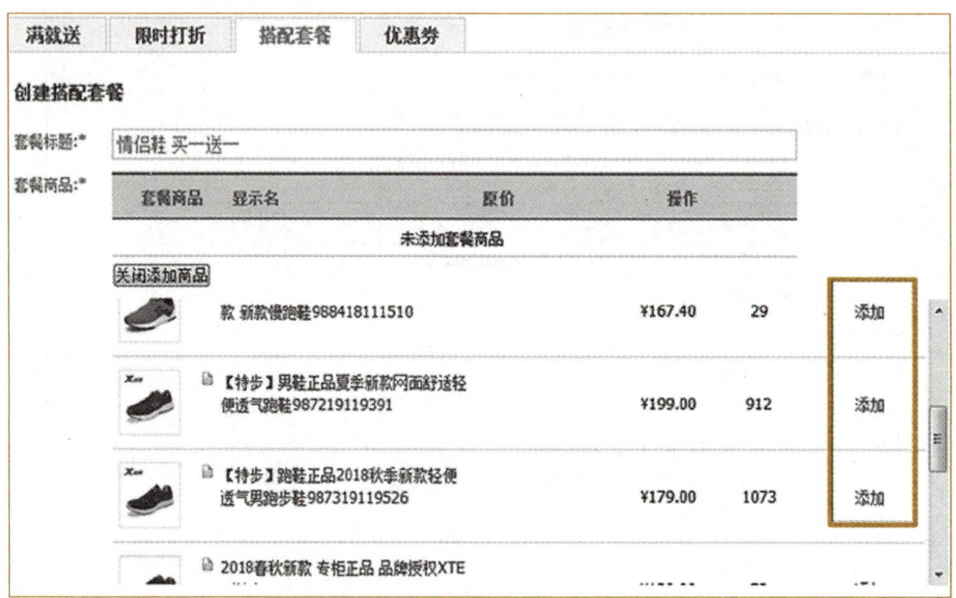

图 8－23　选择搭配商品页面

步骤五：单击选择搭配商品页面左上方“关闭添加商品”按钮，如图 8－24 所示。

图 8－24　单击“关闭添加商品”按钮后的页面

步骤六：设置套餐价格，如图 8－25 所示：

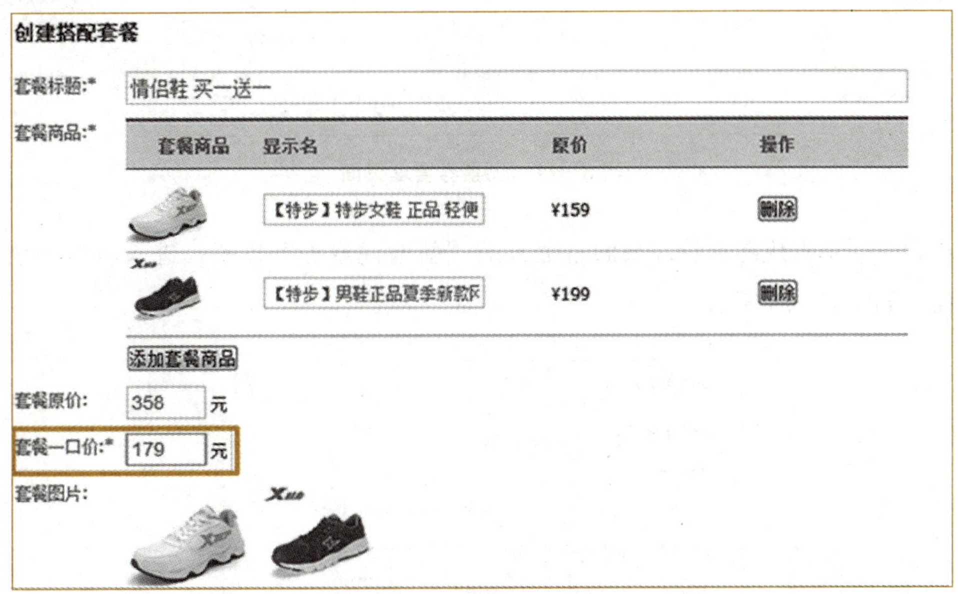

图 8－25　设置套餐价格

步骤七：填写套餐描述。在套餐描述编辑区，可以写一句话，也可以把套餐商品的详情页复制到此处，还可以直接在编辑区编辑文字和插入图片，对套餐商品图文并茂地进行详细介绍，如图 8－26 所示。

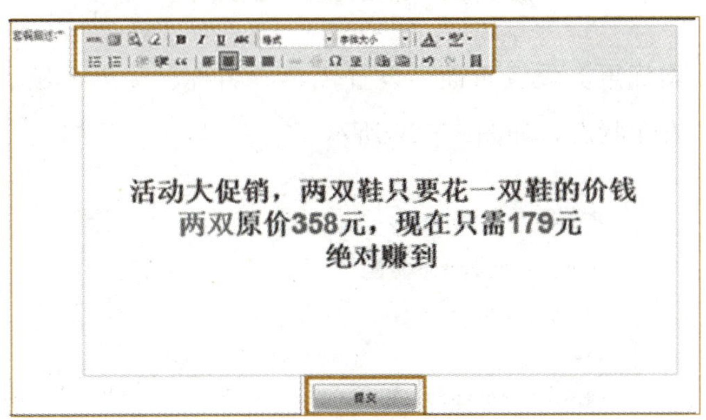

图 8－26　套餐描述页面

5. 设置店铺优惠券

步骤一：登录 C2C 实训平台，在“卖家中心”→“营销中心”→“促销管理”下，单击“优惠券”，进入优惠券管理页面，如图 8－27 所示。

图 8-27　优惠券管理页面

步骤二：单击优惠券管理页面右上方的“新增优惠券”按钮，进入新增优惠券设置页面，如图 8-28 所示。

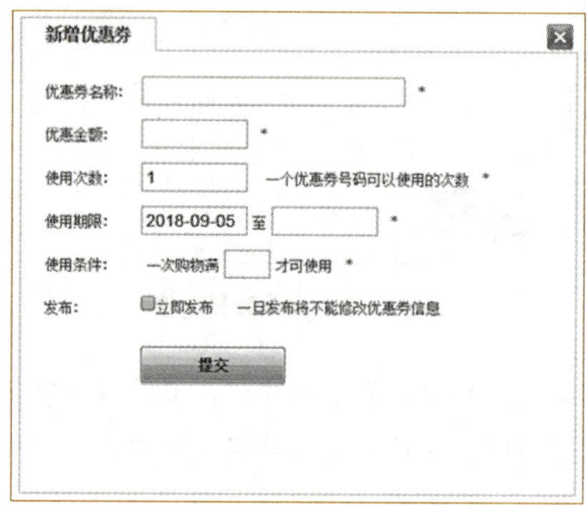

图 8-28　新增优惠券设置页面

步骤三：在新增优惠券设置页面，设置优惠券名称、优惠金额、使用次数、使用期限、使用条件、发布状态，如图 8-29 所示。

新增优惠券
优惠券名称：店周年庆20元优惠券 *
优惠金额：20 *
使用次数：1 一个优惠券号码可以使用的次数 *
使用期限：2018-09-05 至 2018-09-08 *
使用条件：一次购物满 100 才可使用 *
发布：立即发布 一旦发布将不能修改优惠券信息
提交

图 8-29　设置优惠券信息

步骤四：单击“提交”按钮，优惠券设置完毕，如图 8－30 所示。

全选　删除　　新增优惠券

	优惠券名称	优惠金额	使用次数	使用期限	使用条件	操作
□	店周年庆20元优惠券	20.00	1	2018-09-05 至 2018-09-08	一次购物满 100.00	导出　发放

全选　删除

图 8－30　成功设置优惠券

6. 设置直通车

步骤一：登录 C2C 实训平台，在“卖家中心”→“营销中心”→“促销管理”下，单击“直通车”，进入直通车推广管理页面，如图 8－31 所示。

图 8－31　直通车推广管理页面

步骤二：单击直通车推广管理页面右上方“添加推广商品”，进入添加推广商品页面，如图 8－32 所示。

当前位置：首页 › 卖家中心 › 直通车 › 添加推广商品

推广列表　添加推广商品

选择商品：＿＿＿＿ *

推广关键字：＿＿＿＿ *

默认出价：＿＿＿＿ *

提交

图 8－32　添加推广商品

步骤三：在“选择商品”文本框里面选择一款将要推广的商品，填写推广关键词和默认出价，然后单击“提交”按钮，直通车活动设置完毕，如图 8－33、图 8－34 所示。

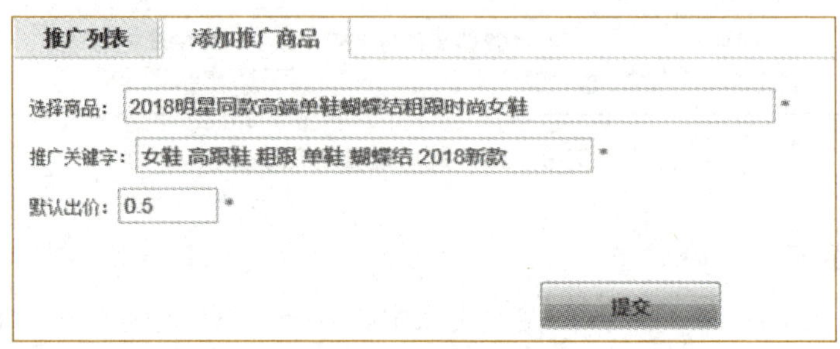

图 8－33　设置直通车信息

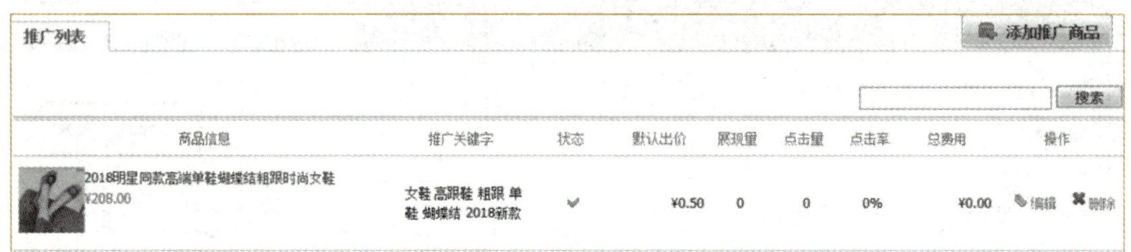

图 8－34　设置直通车活动成功页面

7. 设置钻石展位

步骤一：登录 C2C 实训平台，在“卖家中心”→“营销中心”→“促销管理”下，单击“钻石展位”，进入展位列表页面，如图 8－35 所示。

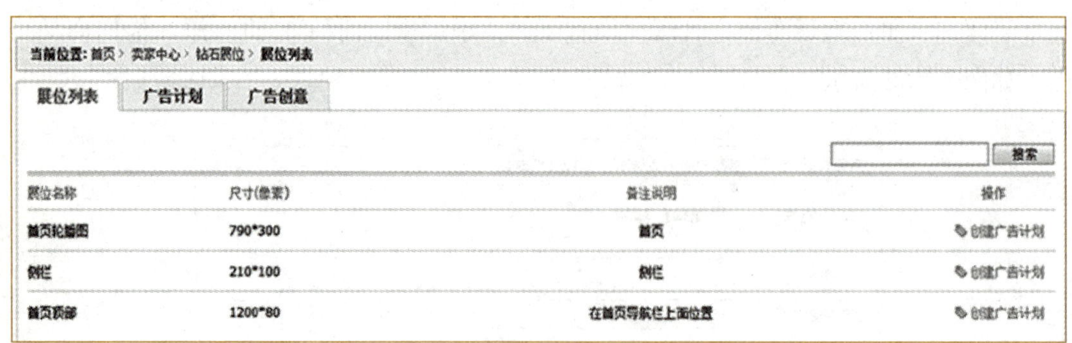

图 8－35　展位列表页面

步骤二：单击展位列表页面左上方的“广告创意”，进入广告创意页面，如图 8－36 所示。

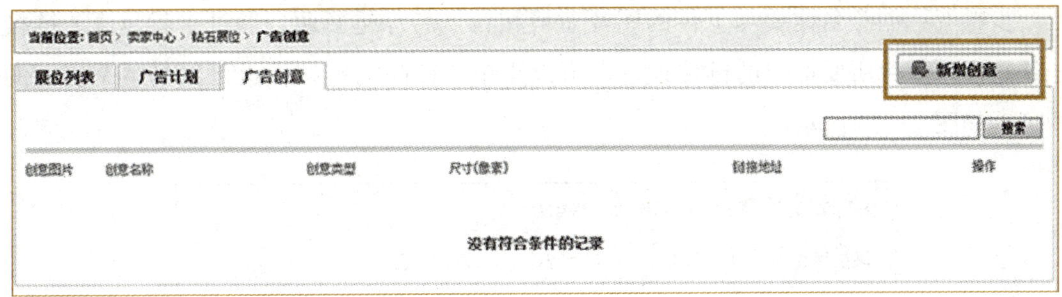

图 8－36　广告创意页面

步骤三：单击广告创意页面右上角的“新增创意”标签，进入新增创意页面，如图 8－37 所示。

当前位置：首页 > 卖家中心 > 钻石展位 > 新增创意
展位列表　广告计划　广告创意　新增创意
创意类型：图片
创意名称：
链接地址：
上传创意图片：选择文件　未选择文件
尺寸(像素)：请选择...
提交

图 8－37　新增创意页面

步骤四：创意类型选择图片形式，填写创意名称，如图 8－38 所示。

当前位置：首页 > 卖家中心 > 钻石展位 > 新增创意
展位列表　广告计划　广告创意　新增创意
创意类型：图片
创意名称：时尚百度马丁靴
链接地址：
上传创意图片：选择文件　未选择文件
尺寸(像素)：790*300
提交

图 8－38　选择创意类型、填写创意名称

步骤五：创意名称要与上传的图片意境相符，名称越新颖，通过率就越高。链接地址是指该图片所要推广的链接地址，可以是单个商品的链接，也可以是整个店铺的地址，如图 8－39 所示。

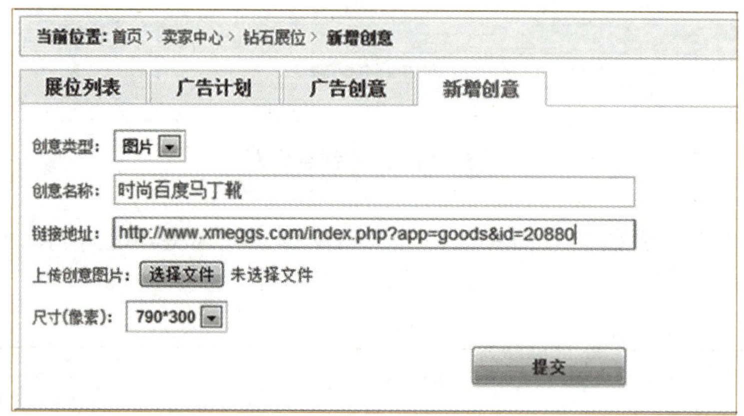

图 8－39　新增链接地址

步骤六：单击“选择文件”按钮，浏览要上传的图片，进行上传，图片尺寸大小选择 790＊300（4 种尺寸，根据展位的尺寸进行选择），如图 8－40 所示。

当前位置：首页 › 卖家中心 › 钻石展位 › 新增创意

展位列表　广告计划　广告创意　新增创意

创意类型：图片

创意名称：时尚百度马丁靴

链接地址：http://www.xmeggs.com/index.php?app=goods&id=20880

上传创意图片：选择文件　时尚马丁靴.jpg

尺寸(像素)：790*300

请选择...
210*100
790*300
1200*80
1000*80

提交

图 8－40　上传图片并选择尺寸

步骤七：单击“提交”，添加广告创意操作完毕，如图 8－41、图 8－42 所示。

步骤八：单击“展位列表”，单击“首页轮播图”右边的“创建广告计划”，如图 8－35所示，进入首页轮播图投放计划设置页面，如图 8－43 所示。

新增创意成功
3 秒后将自动跳转
返回列表
继续添加

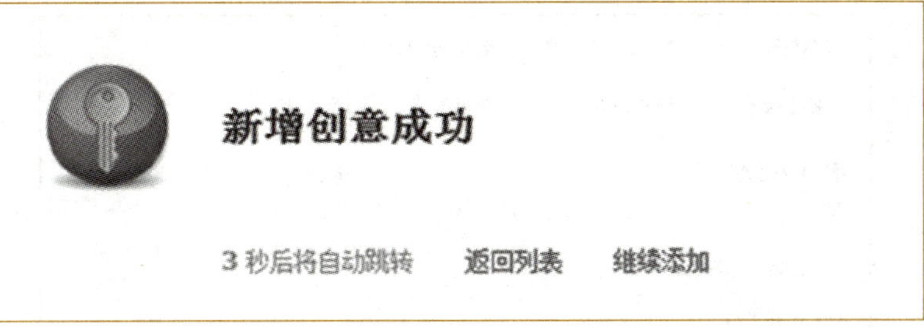

图 8－41　新增创意成功

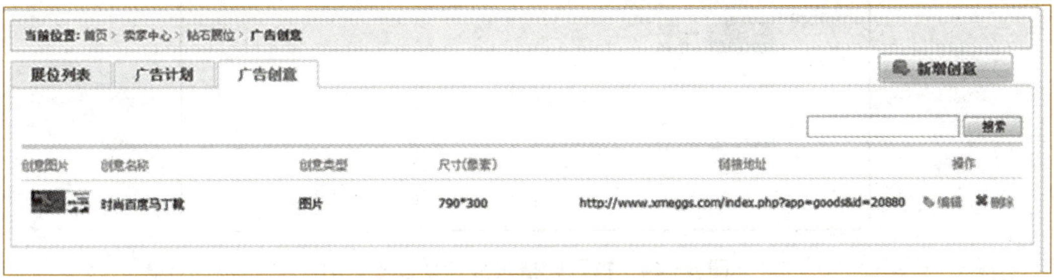

当前位置: 首页 > 卖家中心 > 钻石展位 > 广告创意
展位列表
广告计划
广告创意
新增创意
搜索
创意图片
创意名称
创意类型
尺寸(像素)
链接地址
操作
时尚百度马丁靴
图片
790*300
http://www.xmeggs.com/index.php?app=goods&id=20880
编辑
删除

图 8－42　广告创意列表

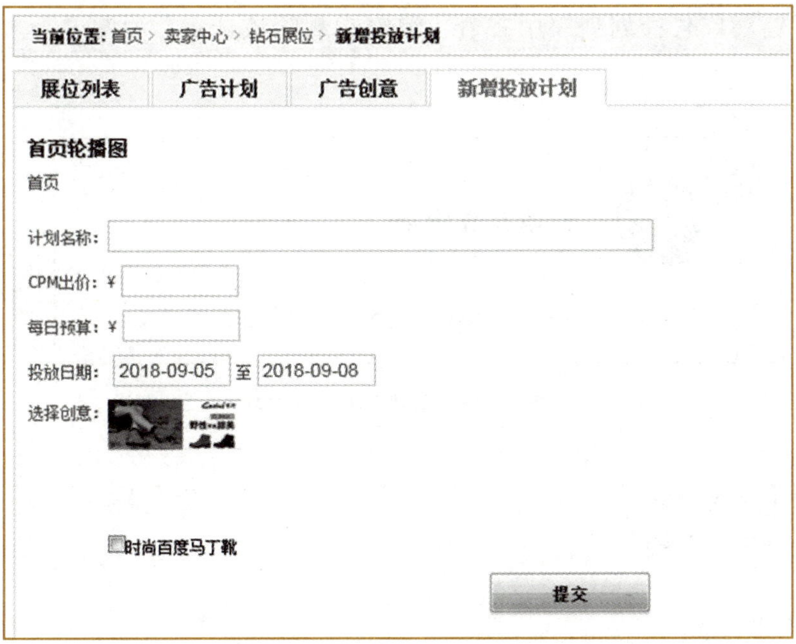

当前位置: 首页 > 卖家中心 > 钻石展位 > 新增投放计划
展位列表
广告计划
广告创意
新增投放计划
首页轮播图
首页
计划名称:
CPM出价: ¥
每日预算: ¥
投放日期:
2018-09-05
至
2018-09-08
选择创意:
时尚百度马丁靴
提交

图 8－43　首页轮播图投放计划设置页面

步骤九：填写计划名称、出价金额、每日预算金额、投放日期等信息，选择钻展创意图广告图片，如图 8－44 所示。

当前位置：首页 > 卖家中心 > 钻石展位 > 新增投放计划

展位列表 | 广告计划 | 广告创意 | 新增投放计划

首页轮播图

首页

计划名称：首页焦点轮播广告

CPM出价：￥ 1

每日预算：￥ 500

投放日期：2014-06-12 至 2014-06-15

2018-09-05 至 2018-09-08

选择创意：

☑时尚百度马丁靴

提交

图 8-44　首页轮播投放计划设置示例

步骤十：检查首页轮播图投放计划设置无误后，单击“提交”，钻石展位活动设置完毕，可在钻展广告计划列表中查看、编辑和删除该计划，如图 8-45、图 8-46 所示。

图 8-45　成功添加投放计划

当前位置：首页 > 卖家中心 > 钻石展位 > 广告计划

展位列表 | 广告计划 | 广告创意

搜索

计划名称	展位名称	每日预算	CPM出价	投放日期	操作
首页焦点轮播广告	首页轮播图	¥500.00	¥1.00	2018-09-05 至2018-09-08	编辑 删除

图 8-46　钻展广告计划列表页面

三、拓展任务——制定营销策划方案

(一) 任务说明

1. 任务描述

近几个月，陶瓷公司网店流量不高，但转化率高，说明买家对网店和产品是认可的。现在提升业绩的关键在于提升流量。小明知道公司有一种技术可以制造出质感类似陶瓷又防碎的碗。根据这种产品特性，他制定营销方案，将目标客户锁定在了幼儿园和托管班。据他调查，这些机构普遍采用金属碗，金属碗虽然能防儿童不小心摔碎，但由于金属的特性，不易绘图，花色单一，对于儿童没有吸引力。

2. 任务内容

（1）使用搜索引擎搜索“营销策划方案”，收集营销策划方案资料，整理出一份网店活动营销策划方案模板。

（2）根据任务描述，设计“亲亲草原”六一营销策划方案。

3. 任务目的

（1）通过设计“亲亲草原”六一营销策划方案，体验网店营销活动策划过程。

（2）掌握一种网店营销活动的策划的流程和方法。

（3）提高自身网络营销意识，提高资源统筹能力、策划能力和组织能力。

(二) 知识准备

1. 营销策划的概念

营销策划是根据企业的营销目标，通过企业设计和规划产品、服务、创意、价格、渠道、促销等内容，从而实现个人和组织的交换过程的行为。营销策划以满足消费者需求和欲望为核心。

营销策划通俗说就是用一些方法找到潜在客户，告诉客户，网店的产品能满足他们的需求，用店铺装修、促销信息、产品展示和客服服务等因素影响他们的购买决策。

方法：本情境中，小明采用线下与线上同步推广的方式。线下利用公司传统销售渠道，电话或者上门联系目标客户。线上通过优化店铺、加入各种教师交流群进行推广等。

潜在客户：依据买家地域分布，小明选择搜索量排名前三的省份以及公司所在省份为目标市场，潜在客户锁定为私立幼儿园与托管机构。

产品：防碎仿瓷套装儿童碗，花色为“亲亲草原动物”幼儿集体版，免费赠送教师碗。该产品无同类竞品，所以售价设置高些。

店铺装修：风格设计成“大草原动物城”，让买家觉得，动物卡通花色的碗是儿童梦寐以求的餐具。

促销信息：5 折促销，采购量大可以按更低的价格购买，估计一家目标客户的采购量会在 100 个碗以上，如果量特别大，客户则拥有一定的议价权。

产品展示：突出目前幼儿集体餐具的缺点；突出儿童餐具的可爱形象对儿童用餐的助力作用；突出抗摔、花色丰富等独家技术。

客服服务：编写活动话术，给予客户 VIP 购物体验。

2. 策划方案编制原则

为了提高策划方案撰写的准确性与科学性，应首先把握其编制的几个主要原则。

（1）逻辑思维原则。策划的目的在于解决企业营销中的问题，按照逻辑思维的构思来编制策划方案。首先是设定情况，交代策划背景，分析产品市场现状，再把策划中心目的全盘托出；其次是进行具体策划内容详细阐述；再次是明确提出解决问题的对策。

（2）简洁朴实原则。要注意突出重点，抓住企业营销中所要解决的核心问题，深入分析，提出针对性强、具有实际操作指导意义的可行的相应对策。

（3）可操作原则。编制策划书是用于指导营销活动的，其指导性涉及营销活动中每个人的工作及各环节关系的处理，因此其可操作性非常重要。无法操作的方案创意再好也没有任何价值。不易于操作的方案必然要耗费大量人、财、物，管理复杂、效率低。

（4）创意新颖原则。要求策划的点子（创意）新、内容新、表现手法也要新，给人以全新的感受。新颖的创意是策划书的核心内容。

（三）工作流程

“亲亲草原”网店营销策划方案编写流程如下：

（1）通过网上渠道收集一些营销策划方案资料。

（2）结合公司实际情况编写“亲亲草原”六一营销策划方案。

（3）将方案提交至部门主管审核。

这些工作流程又由多个工作步骤组成，具体如下。

1. 通过网上渠道收集一些营销策划方案资料

打开浏览器，在搜索引擎处输入“网店营销策划方案”，在搜索页查看相关资料并下载所需资料，如图 8－47 所示：

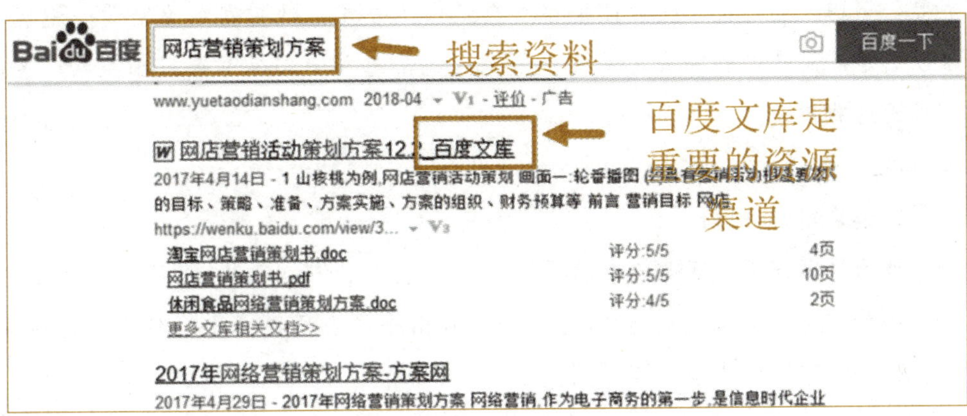

图 8－47 百度搜索页

2. 结合公司实际情况编写“亲亲草原”六一营销策划方案

步骤一：整理资料，查看策划方案的结构与内容，本方案仅供参考。

市场营销策划方案的结构与内容

1. 封面

策划书的封面可提供以下信息：

（1）策划书的名称；

（2）策划机构或策划人的名称；

（3）策划完成日期及本策划适用时间段；

（4）编号。

2. 前言

前言是策划书正式内容前的情况说明部分，内容应简明扼要，最多不要超过 500 字，让人一目了然。其内容主要是：

（1）策划背景；

（2）本次策划的重要性与必要性；

（3）策划的概况，即策划的过程及要达到的目的。

3. 目录

目录的内容也是策划书的重要部分。封面引人注目，前言使人开始感兴趣，那么，

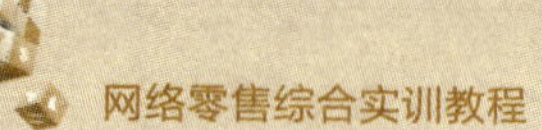

目录就务必让人读后了解策划的全貌。目录具有与标题相同的作用，同时也应使阅读者能方便地查询营销策划书的内容。

4. 概要提示

阅读者应能够通过概要提示大致理解策划内容的要点。概要提示的撰写同样要求简明扼要，篇幅不能过长，一般控制在一页纸内。另外，概要提示不是简单地把策划内容予以列举，而是要单独成为一个系统，因此其遣词造句等都要仔细斟酌，要起到一滴水见大海的效果。

5. 正文

(1) 营销策划的目的。

(2) 市场状况分析。着重分析以下方面：

a. 宏观环境分析。着重对与本次营销活动相关的宏观环境进行分析，包括政治、经济、文化、法律、科技等。

b. 产品分析。主要分析本产品的优势、劣势、在同类产品中的竞争力、在消费者心目中的地位、在市场上的销售力等。

c. 竞争者分析。分析本企业主要竞争者的有关情况，包括竞争产品的优势、劣势、营销状况及竞争企业整体情况等。

d. 消费者分析。对产品消费对象的年龄、性别、职业、消费习惯、文化层次等进行分析。

以上市场状况的分析是在市场调研取得第一手资料的基础上进行的。

(3) 市场机会与问题分析。

a. 营销现状分析。对企业产品的现行营销状况进行具体分析，找出营销中存在的具体问题点，并深入分析其原因。

b. 市场机会分析。根据前面提出的问题，分析企业及产品在市场中的机会点，为营销方案的出台做准备。

(4) 确定具体营销方案。针对营销中问题点和机会点的分析，提出达到营销目标的具体营销方案。营销方案主要由市场定位和4Ps组合两部分组成，具体体现两个主要问题：

a. 本产品的市场定位是什么？

b. 本产品的4Ps组合具体是怎样的？具体的产品方案、价格方案、分销方案和促销方案是怎样的？

6. 预算

这一部分要写明整个营销方案推进过程中的费用投入，包括营销过程中的总费用、阶段费用、项目费用等，其原则是以较少投入获得最优效果。用列表的方法标出营销费用是常用的方法，其优点是醒目易读。

7. 进度表

把策划活动起止全部过程拟成时间表，具体到何日何时要做什么都标注清楚，以便进行过程中的控制与检查。进度表应尽量简化，在一张纸上列出。

8. 人员分配及场地

此项内容应说明具体营销策划活动中各个人员负责的具体事项及所需物品和场地的落实情况。

9. 结束语

结束语在整个策划书中可有可无，它主要起到与前言的呼应作用，使策划书有一个圆满的结束，不致使人感到太突然。

10. 附录

附录的作用在于提供策划客观性的证明。因此，凡是有助于阅读者对策划内容理解、信任的资料都可以考虑列入附录。但是，可列可不列的资料还是以不列为宜，这样可以更加突出重点。附录的另一种形式是提供原始资料，如消费者问卷的样本、座谈会原始照片等图像资料。附录也要标明顺序，以便阅读者查找。

小明从一些策划方案模板中，归纳出“亲亲草原”营销方案的内容结构，应包含策划背景、活动主题、活动目标、产品概况、市场分析、营销策略、推广方式、工作安排和活动预算等内容。

步骤二：打开 WPS 或 Word 文档，新建“六一营销策划方案”文件。编辑方案目录，如图 8－48 所示。

目录

一、策划背景
二、活动主题
三、活动目标
四、产品概况
五、市场分析
六、营销策略
七、推广方式
八、工作安排
九、活动预算

图 8－48　方案目录

步骤三：结合公司网店实际情况，编写正文，如图 8－49 所示。

一、策划背景

亲亲草原新店开业，自然流量少。需做一场营销活动，来增加流量与成交额。目前网店亲子套装瓷碗的潜在买家局限于年轻家长，客户群过于局限。为此公司研发出一套适合“幼儿园”和“培训机构”使用的集体版儿童碗。将目标客户拓展到社会组织机构，从而提升销量。

二、活动主题

儿童快乐，我 5 折

本主题应用于活动不同阶段的广告宣传以及网店促销图文。

三、活动目标

预热期宝贝收藏量达到 1500；

正式期业绩达 1000000 元。

四、产品概况

图 8－49　方案正文部分内容节选

步骤四：正文编写完成，附上附件，策划案附件一般有排期计划、分工执行表、活动预算表、流量预估表、货品规划表、客服话术表等，如图 8－50 所示。

01六一活动排期计划.xls
02六一活动分工执行表.xls
03活动预算表.xls
04流量预估表.xls
05货品规划表.xls
06客服话术表.xls

图 8－50　方案附件目录

3. 将方案提交至部门主管审核

方案制定后，需提交至部门主管审核。如果涉及的预算过高，则需总经理审批。

(四) 职场小贴士——职场人际关系原则

职场中，80％的工作都是通过同事之间的沟通和配合完成的，所以建立良好的人际关系在职场中尤为重要。在职场人际交往中需遵循以下几个原则。

1. 尊重原则

工作不分高低贵贱，只要认真负责，就应该被认真对待。尊重别人的工作成果和工作态度，平等看待别人的不足。尊重来自对自我修养的要求，而不是对方的角色决定的。

2. 赞美原则

职场上，良好的人际关系往往是由一句赞美开始的。当与同事交接一份工作时，由衷赞美同事做得出色的地方，能拉近与同事之间的距离，有利于工作的开展。

在平时工作或学习中，尝试着多赞美身边的人，当然赞美的理由需要做到有理有据，不能有阿谀奉承之嫌。

3. 同理心原则

同理心就是换位思考，站在对方的角度思考对方所面临的问题。当对方觉得你能明白他的感受的时候，就会放下对你的“警戒心”，对你产生信任感。

4. 真诚原则

真诚即坦诚相待，但不是毫无保留地告诉对方所有信息。在不涉及原则的情况下，将真实的自己呈现给对方。

5. 宽容原则

工作难免出现失误，特别是刚入社会的职场新人更容易犯错。对此要多一分宽容，多一分理解。对事不对人，对事要求严格，对人则要宽容。

（五）思考题

请结合所经营的店铺情况，制作一份营销活动方案。

参考文献

[1] 甘志兰．网络零售经营实务［M］．北京：中国人民大学出版社，2014.

[2] 淘宝大学．淘宝大学电子商务人才能力实训（CETC 系列）——网店运营、美工视觉、客服（入门版）［M］．北京：电子工业出版社，2018.

[3] 凤凰高新教育．淘宝天猫开店、装修、管理、运营与推广从入门到精通［M］．北京：北京大学出版社，2016.

[4] 庄春华．网上开店推广与经营［M］．南京：东南大学出版社，2017.

[5] 吴伟定，姚金刚，周振兴，郑琰．电商运营之道：策略、方法与实践［M］．北京：机械工业出版社，2017.

[6] 安暖 nice. 如何组织一场高效的会议［EB/OL］．(2017-12-08)［2020-06-01］. https://jingyan. baidu. com/article/7082dc1c012147e40a89bd83. html.

[7] 乐知英语．SWOT 分析法——如何帮助你的企业发展壮大［EB/OL］．(2017-09-18)［2020-06-01］. https://baijiahao. baidu. com/s? id=1578838479988403030&wfr=spider&for=pc.

[8] 麦田守望者．四象限时间管理法详解［EB/OL］．(2016-10-05)［2020-06-03］. http://www. zhixing123. cn/lilun/55134. html.

[9] 梦阳．目标无法达成？Smart 五点原则帮助你！［EB/OL］．(2015-07-04)［2020-06-03］. http://www. woshipm. com/pmd/170524. html.

[10] 仓库社区．仓库管理基础知识之 5S 管理［EB/OL］．(2016-09-13)［2020-06-05］. http://www. oym56lm. com/news/show-487. html.

图书在版编目（CIP）数据

网络零售综合实训教程 / 甘志兰，苏艳主编. --北京：中国人民大学出版社，2021.5
21 世纪高职高专规划教材・电子商务系列
ISBN 978-7-300-29300-4

Ⅰ.①网… Ⅱ.①甘… ②苏… Ⅲ.①网上销售－零售－高等职业教育－教材 Ⅳ.①F713.36

中国版本图书馆 CIP 数据核字（2021）第 069530 号

普通高等职业教育"教学做"一体化教材
21 世纪高职高专规划教材・电子商务系列
网络零售综合实训教程
主　编　甘志兰　苏　艳
副主编　苗　春
参　编　庄千秋　韦　珏　袁慧颖
Wangluo Lingshou Zonghe Shixun Jiaocheng

出版发行	中国人民大学出版社		
社　　址	北京中关村大街 31 号	**邮政编码**	100080
电　　话	010－62511242（总编室）		010－62511770（质管部）
	010－82501766（邮购部）		010－62514148（门市部）
	010－62515195（发行公司）		010－62515275（盗版举报）
网　　址	http://www.crup.com.cn		
经　　销	新华书店		
印　　刷	北京宏伟双华印刷有限公司		
规　　格	185 mm×260 mm　16 开本	**版　　次**	2021 年 5 月第 1 版
印　　张	10.25	**印　　次**	2021 年 5 月第 1 次印刷
字　　数	181 000	**定　　价**	29.00 元
